Heimwee

Tweede herziene druk

Hengforderweg 2
8121 PK Olst
www.fiola.nl

Omslagontwerp: Rob Heitkamp, Artin Advertising, Enschede

Met dank aan Steve Balsamo voor het zo vriendelijk beschikbaar stellen van een van zijn tekeningen voor de omslag van dit boekje.

ISBN 978-90-819910-0-1

Heimwee

Verslag van een bijna-dood-ervaring

Gerjo van der Horst

Voorwoord

In 2006 heb ik een bijna-dood-ervaring, een BDE gehad. Dat kan ik nu, terugkijkend, zo zeggen. Het heeft lang geduurd voor ik het op deze wijze kon benoemen. Ik kende weliswaar het fenomeen BDE, had er wel eens iets over gelezen. Maar omdat ik niet bijna-dood ben geweest, heb ik mijn ervaring nooit gezien als een BDE. Tot ik op televisie een interview zag met Pim van Lommel, schrijver van het boek 'Eindeloos bewustzijn'. Hij vertelde over BDE's en gaf tot mijn verrassing aan dat BDE's niet alleen in levensbedreigende situaties voorkomen maar dat soortgelijke ervaringen ook tijdens meditatie of zelfs zonder enige duidelijke oorzaak kunnen optreden. Het gaat, zo legde hij uit, om een verandering in het bewustzijn, die weliswaar het meest voorkomt in levensbedreigende situaties, maar niet alleen dan. De volgende dag kocht ik zijn boek en ik heb het grotendeels met tranen in mijn ogen gelezen. De beschreven emoties, de veranderingen die mensen na een BDE ondergaan. Ik wist precies waar het over ging.

Soms worden zaken pas achteraf duidelijk. Toen ik mijn BDE beleefde, had ik het idee dat deze zomaar uit de lucht kwam vallen. Nu zie ik in dat het een logische stap was in het proces waarin ik al enkele jaren was verwikkeld, een soort van spirituele achtbaan waarin ik terechtkwam tijdens mijn zoektocht naar de echte Jezus, die uiteindelijk uitmondde in die onvergetelijke ervaring. Dit verhaal begint dan ook met die zoektocht naar de echte Jezus, al volgt daarna al snel een beschrijving van mijn BDE en de periode daarna.

Zoals zoveel BDE'ers werd ook ik na mijn overrompelende ervaring geconfronteerd met grote psychische problemen. Ik ervoer, en ervaar nog steeds, hoe moeilijk het is deze belevenis in het dagelijks leven te integreren. Zo moeilijk dat zelfs suïcidale gedachten daar onderdeel van hebben uitgemaakt. Ook Hans Stolp noemt in zijn boeken de intense gevoelens van eenzaamheid en heimwee die vaak door spiritueel ingestelde mensen worden ervaren en die aanleiding kunnen zijn tot beëindiging van het leven hier. Het zou me niet verbazen wanneer dit ook de oorzaak is van het toenemende aantal zelfdodingen onder jongeren. Bijna alle Nieuwetijdskinderen kennen deze fundamentele vorm van eenzaamheid. Wanneer je vervolgens in je leven geen kader vindt om deze gevoelens te plaatsen, kan zelfdoding als een oplossing worden gezien.

Weinig mensen kennen dit thema. Dit komt in de eerste plaats door de grote terughoudendheid van zowel mensen met een BDE als met een gelijksoortige spirituele ervaring, om over hun beleving te spreken. In veel gevallen kunnen zij dit ook echt niet: de beleefde ervaring is dusdanig ontwrichtend en indrukwekkend dat woorden tekort schieten. Bovendien weerhoudt de angst niet begrepen te worden hen ervan hun verhaal met anderen te delen.

Voor hulpverleners is het bijna onmogelijk om hier doorheen te prikken. De diagnose psychose of depressie is dan snel gesteld. Stichting Merkawah biedt mensen met een BDE een platform om hun ervaringen met lotgenoten te delen. Serieus genomen worden, een luisterend oor: dat is de hulp die mensen met een BDE verlangen. Geen antidepressiva, geen goedbedoelde inmenging van psychiaters en zeker geen opname. Mensen met een BDE horen niet in de psychiatrie thuis maar hebben behoefte aan gespecialiseerde zorg die nu vaak nog ontbreekt.

Ikzelf heb hulp gevonden in het zogenaamde alternatieve circuit. Ook het op papier zetten van dit verhaal heeft erg geholpen om mijn BDE een plekje te geven in mijn leven en ervoor te zorgen dat ik me nu vooral bevoorrecht voel dat ik zo iets geweldigs heb mogen meemaken.

Of ik onderweg de echte Jezus nog ben tegengekomen? Het antwoord op die vraag zul je gaandeweg dit boekje te weten komen.

Meet Me in the other, You say

But how can I find You there

Seems no one really knows

Who You are

Het is kerstavond 2004 en ik ben alleen thuis. Ik heb een interessant programma bekeken op tv en zap na afloop naar een andere zender. En ik val middenin het lied 'Gethsemane' uit de musical Jesus Christ Superstar. Ook al val ik er middenin, ik herken het onmiddellijk. Het is namelijk al vanaf mijn 13e mijn absoluut favoriete lied. Ik ken de tekst uit mijn hoofd en heb het misschien wel honderd keer bekeken en beluisterd. De zanger die het nu ten gehore brengt ken ik niet, maar hij doet het fantastisch. De emoties spatten van het scherm en in het tweede deel zie ik dat hij zich tot tranen toe inleeft. Gefascineerd kijk ik naar de adembenemende vertolking van deze onbekende artiest, waarvan ik later weet te achterhalen dat het Steve Balsamo is, die eind jaren negentig de rol van Jezus heeft gezongen in de West End versie van de musical. En ik ben in één keer terug in de tijd, terug in 1973, het jaar waarin de film Jesus Christ Superstar uitkomt. Vanaf het moment dat ik erover hoor weet ik: daar moet ik naar toe! Uiteindelijk ben ik geloof ik drie keer geweest. Alle keren alleen om het op mijn manier te kunnen beleven. En ik was totaal overdonderd.

Ik ben niet opgegroeid in een religieus gezin. Mijn ouders leerden mij niets over geloof of spiritualiteit. Toch had ik er belangstelling voor, had ik altijd het gevoel dat ze iets voor mij achterhielden. Wat dat was, begreep ik pas toen ik op achtjarige leeftijd ging logeren bij een katholiek klasgenootje. Voor het slapengaan knielde ze voor haar bed en begon te bidden.

"Wat doe jij nou?", vroeg ik verbaasd.

"Ik praat met God", antwoordde ze alsof dat iets heel vanzelfsprekends was.

Mijn interesse was gewekt. Op de een of andere manier wist ik dat dit te maken had met wat mijn ouders mij nooit hadden verteld en geboeid luisterde ik naar haar gebedjes. Er ging een wereld voor me open. Kennelijk kon je dus gewoon met God praten, ook al was je een onbeduidend klein meisje van acht jaar. De volgende dag besloot ik ook een poging te wagen. Ik knielde voor mijn bed en probeerde een gesprek met God aan te knopen. Natuurlijk kreeg ik geen antwoord en mijn teleurstelling was groot. Toch gaf ik het nog niet op. Ik vertelde mijn moeder dat ik naar de zondagschool wilde en ik volgde de lessen van de dominee die na schooltijd op onze openbare school werden gegeven.

Zo leerde ik de verhalen uit de bijbel kennen. De ark van Noach, Jozef in de put, Jezus die de zoon van God was. Hoewel ik het best interessant vond, stond het tegelijkertijd ver van me af. Vooral die Jezus was in mijn ogen wel heel erg wonderlijk. Wie kan er nu over water lopen, dode mensen levend maken en zelf ook weer levend worden? Na een paar weken hield ik het voor gezien. Ik vond de verhalen mooi als verhalen, maar meer kon ik er niet mee.

Tot ik naar de film ga. Want in plaats van die ongrijpbare figuur Jezus waarmee ik me totaal niet kon identificeren, zie ik ineens een man van vlees en bloed voor me met emoties als verdriet, eenzaamheid, onbegrip, angst. Zelfs verliefdheid. Alles komt voorbij in deze wervelende musical met als absoluut hoogtepunt het schitterende lied 'Gethsemane'. En verbijsterd volg ik alle turbulente gebeurtenissen daarna: zijn gevangenneming, de vernedering door Herodes, de bedenkelijke rol van Pilatus die zich sympathiek voordoet maar uiteindelijk niet schroomt om hem te laten vallen als een baksteen. Het publiek op het plein waarvan de ene helft 'kruisigt hem' schreeuwt terwijl de andere helft in ontzetting toekijkt. En natuurlijk de kruisiging zelf, die gelukkig niet al te expliciet in beeld wordt gebracht.

Ik weet niet wat me overkomt! Het verhaal slaat in als een bom en laat me niet los. Op de een of andere vreemde manier voelt het alsof ik het allemaal al eens eerder heb gezien of beleefd, al zou ik niet weten in welke hoedanigheid. Thuis overdenk ik wat ik zou hebben gedaan als ik op dat plein had gestaan. Zou ik de moed hebben gehad om het voor Jezus op te nemen? Zou ik me verschuilen zoals Petrus? Of zou ik eieren voor mijn geld kiezen en ook 'kruisigt hem' roepen? Ik weet het niet. Wat ik wel weet is dat hem vreselijk onrecht is aangedaan. En gezien de gruwel van een kruisiging kan ik me zijn angst in Gethsemane zo goed voorstellen. Om er dan voor te kiezen vast te houden aan je opdracht en niet te vluchten! Al zou dat het enige zijn wat hij ooit had gedaan, dan verdiende hij het al om nooit vergeten te worden. Vanaf dat moment ben ik om en word ik een absolute Jezus fan. Het klinkt misschien raar, maar ik voel me enorm met hem verbonden en ik begrijp intuïtief dat hij de schakel is tot alles: geluk, liefde, wereldvrede, alles. Of hij echt de zoon van God is, echt over water kon lopen, echt is opgestaan uit de dood, is voor mij totaal onbelangrijk. Ook al was hij 'alleen maar' mens, dan doet dat voor mij niets af aan de boodschap die hij heeft gebracht en voorgeleefd. En ik voel een sterke drang om serieus iets te gaan doen met mijn interesse voor religie in zijn algemeenheid en Jezus in het bijzonder.

Dus volg ik een serie catechisatielessen en laat me dopen. Mijn ouders hebben mij niet laten dopen en het is voor mij een heel emotioneel moment om dat op mijn negentiende alsnog te beleven. De geloofsbelijdenis die ik moet uitspreken heeft voor mij weinig betekenis. Ik zie het als onderdeel van het ritueel en sta niet echt stil bij de inhoud ervan. Wat voor mij veel belangrijker is: God en Jezus laten weten dat ik bij ze wil horen en moeite wil doen om de boodschap door te geven. En jaren later besluit ik een studie pastoraal werk te gaan volgen. Het lijkt me een goede manier om mijn gebrekkige kennis van de Bijbel en alles erom heen bij te spijkeren. Ik heb immers nooit op een christelijke school gezeten. Ik hoefde geen psalmen uit mijn hoofd te leren, ik ken de liederen uit het liedboek niet. En wellicht kan ik met het diploma als stervensbegeleider in een hospice aan de slag. Ik selecteer het opleidingsinstituut zorgvuldig. De studie moet vooral niet te dogmatisch zijn. Ik wil me vrij voelen mijn eigen weg te gaan. Ik kies uiteindelijk voor Saxion Hogeschool te Enschede.

Tijdens de studie heb ik veel geleerd. Wat me echter tegenvalt, is dat ik me maar zelden echt geraakt voel. Er is met name sprake van kennisoverdracht. Op zich prima, zeker in mijn geval. Maar daarnaast merk ik weinig van echte bevlogenheid bij de docenten en ik kom er gaandeweg achter dat de opleiding toch ouderwetser is dan ik had gehoopt. Er ligt een grote nadruk op vakken als liturgie, dogmatiek en praktische theologie. Terwijl ik veel liever bezig ben met ethiek of filosofie. Zelfs het vak Nieuwe Testament weet me niet echt te boeien. We zijn vooral bezig met exegese, een soort van tekst verklaren, en dat ook nog eens op een vrij technische manier. Vaak lijkt het meer op grammatica dan op iets wat ook maar in de verste verte met geloof of spiritualiteit te maken heeft. Bovendien verliezen de teksten, juist omdat we ze zo uitpluizen, hun charme voor mij. En dat terwijl ik me zo op dit vak had verheugd. Want Nieuwe Testament staat voor mij gelijk aan Jezus! Maar mijn hoop om meer over hem te weten te komen, om er wellicht achter te komen waarom ik tijdens de film zo'n sterk gevoel van herkenning had, vervliegt al snel en de docent die wel heel erg zijn stempel, lees: mening, op alles drukt irriteert me meer en meer. Geen moment voel ik dat hij zich oprecht met Jezus verbonden voelt terwijl het voor mij nu juist daarom draait. Ik constateer verdrietig dat mijn verlangen om Jezus beter te leren kennen zo te zien niet zal worden bevredigd door mijn studie.

De tranen van Steve Balsamo raken me echter wel. Alle emoties van toen ik dertien was en de film Jesus Christ Superstar voor het eerst zag, komen weer boven. Het kost enige moeite maar het lukt me om het optreden van Steve op DVD te krijgen. In die tijd kijk ik er regelmatig naar en ik vraag me af wie Jezus nu eigenlijk was. De zoon van God die voor onze zonden is gestorven aan het kruis? Dat is wel wat me tijdens de studie wordt geleerd, maar met dat dogma kan ik echt niet uit de voeten. Een revolutionair dan die een gewapende opstand tegen de Romeinen plande en daarom maar beter van het toneel kon verdwijnen? Nee, alleen dat kan het ook niet zijn geweest. Ik haal verschillende boeken over Jezus uit de bibliotheek om te zien of ik misschien zelf zijn geheim, en daarmee ook het geheim van mijn verbondenheid met hem, kan ontrafelen. Vooral de kruisiging intrigeert me. Want waarom moest een prachtig mens als Jezus op zo'n afschuwelijke manier aan zijn einde komen? Hoe kan het dat hij, die zo'n innige band had met God, zich zo van God verlaten heeft gevoeld? En als hij stierf voor onze zonden, waarom zondigt de mens dan nog iedere dag?

Dat deze vragen ook al leefden in Jezus' tijd laat een afbeelding voorop mijn dogmatiekboek zien. Het is een soort cartoon van een gekruisigde met als hoofd een ezelskop. 'Alexamenos aanbidt zijn God' staat erbij geschreven. We weten niets van de tekenaar en niets van Alexamenos met wie hij de spot drijft. Wel is duidelijk dat het gaat om een karikatuur van Jezus. En over een Romein die zich afvraagt wat zijn vriend Alexamenos in vredesnaam ziet in die 'gekruisigde God'. Hijzelf ziet die God als een ezel, dat is duidelijk. Ik moet toegeven dat ik dit beeld helemaal kan begrijpen. Want als je de zoon van God bent, dan ben je toch ook een ezel als je niet eens in staat blijkt om zo'n afschuwelijke dood te voorkomen! En wat voor een God is dat, die zijn zoon op zo'n afgrijselijke manier de dood injaagt? Dat zou een liefdevolle God moeten zijn, zoals Jezus zelf ons leert? Ja, maar het gaat om de opstanding, wordt dan gezegd. Daarin ligt het geheim. Voor iemand als ik die niet in een vleselijke opstanding gelooft, geen steekhoudend argument. Voor mij is de opstanding vooral een indringende spirituele gebeurtenis geweest. Net zoals zoveel mensen die dierbare overledenen nog regelmatig ervaren in hun huis, hebben ook Jezus' discipelen hem ervaren na zijn dood. Zelfs gezien, dat kan ik me heel goed voorstellen. Maar rechtvaardigt dat die vreselijke dood aan het kruis? In de boeken die ik heb gehaald, richt ik me dan ook vooral op de kruisiging.

Dat het echt een afschuwelijke dood is, wordt duidelijk in het boekje 'Bijbelse tijdgenoten' van professor Bob Smalhout. Ik ken hem van televisie, waar hij in het verleden als arts regelmatig commentaar gaf in medische programma's. In dit boekje beschrijft hij de kruisiging dan ook vanuit medisch perspectief tot in alle bloederige details. Het maakt de vragen die ik erbij heb alleen maar indringender. En ik begin mijn onderzoek met het boek 'Ooggetuigenverslag van het leven van Jezus'. Een bijzonder boekje waarin het verslag van een vrouw is opgetekend die onder hypnose vertelt over haar leven met Jezus. De kruisiging is in dit boekje heel verrassend! Jezus sterft namelijk helemaal niet aan het kruis! Hij wordt weliswaar aan het kruis gehangen maar door tussenkomst van Nicodemus, die een potje kan breken bij de Romeinen, krijgt hij een steuntje onder zijn voeten. Dit helpt hem te overleven. 's Nachts wordt hij er door zijn vrienden levend vanaf gehaald. De opstanding is hiermee ook meteen verklaard: hij was immers helemaal niet dood! Een verhaal waarvan ik me kan voorstellen dat het zo is gegaan, maar dat toch schuurt met het beeld dat door de eeuwen heen van Jezus is ontstaan.

In het boek 'Een nameloze, Jezus de Nazarener' is het zonneklaar: Jezus en zijn metgezellen zijn er vooral op uit om de Romeinen uit Jeruzalem te verdrijven. Dat wordt met name duidelijk uit de beschrijving van de Tempelreiniging in het Marcus evangelie. Jezus gaat naar de tempel en: heel opvallend, laat alleen zijn blik over het plein gaan. Daarna vertrekt hij weer. Volgens de schrijver kwam hij eerst poolshoogte nemen, om vervolgens zijn slag te slaan. Helaas mislukt de geplande opstand en Jezus moet dit met de dood aan het kruis bekopen.

In het boek 'Hoe Jezus zelf leerde geloven' komt een heel ander denkbeeld naar voren. Daar wordt de God van het oude testament vergeleken met de God van het nieuwe testament. In het oude testament is God niet echt een lieverdje. Hij verwoest Sodom en Gomorra, behalve Noach en zijn familie verdrinkt de hele wereld, er worden door de Israëlieten heel wat oorlogen gevoerd. In het nieuwe testament leert Jezus ons een heel andere God kennen: een God van gerechtigheid en liefde, een betrouwbare God, een Vader die hij liefdevol zijn 'Abba' noemt. De schrijver van het boek stelt dat Jezus door zijn zelfverkozen dood God als het ware dwingt om deze nieuwe rol op zich te nemen. Jezus, de mens die het meest nabij God verkeerde, was dus in staat God naar zichzelf te laten kijken. God leed onder Jezus' dood, zo stelt de schrijver. En Hij heeft ervan geleerd.

Hoewel je vraagtekens kunt zetten bij deze theorie, spreekt hij me wel aan omdat het de kruisiging in ieder geval zin geeft en Jezus als spiritueel leraar wordt gewaardeerd. Dat beeld past me toch beter dan dat van een ordinaire opstandeling.

Ik lees nog veel meer boeken en maak kennis met evenzo vele theorieën. Ook die waarin gesteld wordt dat Jezus helemaal niet heeft bestaan, maar dat verschillende wijsheidsverhalen die in die tijd de ronde deden, verzameld zijn en op de figuur van Jezus geprojecteerd. Daarmee zou dus ook de kruisiging nooit hebben plaatsgehad. Ik neem het allemaal tot me en realiseer me dat de waarheid niet in de boeken te vinden is en waarschijnlijk ergens in het midden ligt. Voorlopig zie ik hem als een man die sterk geïnspireerd werd door zijn contact met God, met hoge idealen. Spirituele maar misschien toch ook politieke. Die zich waarschijnlijk vaak onbegrepen en afgewezen heeft gevoeld en hierover ook vast gefrustreerd en verdrietig is geweest. Tjonge: een gewoon mens dus! Ik voel me meer dan ooit met hem verbonden en ik besef dat deze relatie nooit meer voorbij zal gaan.

I know I'm not alone

You surround me wherever I am

You're in my body, my soul

To stay for always

Vanaf dat moment lijkt het of ik in een stroomversnelling beland. Er gebeurt ineens heel veel met me, spiritueel gezien. Er ontwaken gevoelens die er waarschijnlijk altijd al waren maar die nu pas heftig naar de oppervlakte komen. En ik moet er ook iets mee lijkt het, het uitdragen of zo. Daarom haal ik een visje voor achterop mijn auto en koop ik bij de juwelier een kettinkje met een kruisje. Het voelt goed om dit te doen, alsof God zelf me steunt en me af en toe een knipoog geeft zo van: ga zo door meisje! Dat merk ik op verschillende manieren.

Bijvoorbeeld op die avond dat er aan de deur wordt gebeld. Een vrouw met een collectebus staat voor mijn neus. Ze is zo te zien van allochtone afkomst en haar Nederlands is enigszins gebrekkig. Maar ze heeft flair en vraagt onbevangen of ik misschien iets wil geven voor Jantje Beton, een organisatie die ervoor zorgt dat er in buurten voldoende speelplaatsen voor kinderen zijn. Ik knik en haal mijn portemonnee. Wanneer ik haar wat munten overhandig zegt ze ineens:

"Wat heeft u een mooi kruisje om!"

Verrast kijk ik op en mijn hand gaat naar het sieraad om mijn nek.

"Ja, hij is mooi hè! Ik heb het eerlijk gezegd pas een paar dagen maar ik ben er erg blij mee."

De vrouw knikt vriendelijk. Dan kijkt ze me indringend aan en zegt: "Het ga u goed, mevrouw! En Gods zegen rust op u."

Nogmaals knikt ze me hartelijk toe. Dan draait ze zich om, om haar weg te vervolgen. Enigszins verbluft kijk ik haar na.

"Nou, dank je wel", mompel ik nog en verbaasd maar met een warm gevoel in mijn hart sluit ik de deur weer.

Ook in die periode gebeurt er iets opmerkelijks als ik in bed lig. Ik heb me lekker geïnstalleerd en draai me op mijn zij om te gaan slapen. Dan voel ik ineens duidelijk een hand op mijn schouder. Mijn eerste reactie is schrik. Maar meteen daarna weet ik dat dat helemaal niet nodig is en dat ik me moet ontspannen en vooral moet genieten van deze aanraking. En dat doe ik dan ook. Misschien heeft het al met al maar een paar seconden geduurd. Maar voor mij was het een heel spiritueel gebeuren, een schouderklopje van God zelf te mogen ontvangen. Zo zie ik het tenminste.

En dat gevoel wordt enkele weken later bevestigd wanneer ik na een wat langere vakantie weer aan het werk ga. Een collega blijkt in de tussentijd het nodige te hebben meegemaakt. Scheiding van haar ouders, ruzie met haar broer, een heftige verhuizing ... De ene na de andere ellende wordt over me heen gestort. Niet dat dit nieuw voor mij is. Op de een of andere manier trek ik het aan dat mensen makkelijk hun hart bij me uitstorten. Wanneer ik met de bus of trein reis, kun je er donder op zeggen dat er altijd wel iemand naast me komt zitten die zijn zielenroerselen met mij deelt. Meestal kan ik dat wel hebben. Ik luister geduldig toe, schud af en toe meewarig mijn hoofd en zeg oprecht meelevend: 'wat vreselijk voor u.' Maar vandaag kan ik er niet zo goed tegen. Al die narigheid ... Misschien komt het doordat ik op dit moment erg met mezelf bezig ben, met alle ontwikkelingen waarmee ik word geconfronteerd, de daaruit voortkomende twijfel of ik wel of niet moet doorgaan met mijn studie, het in de tussentijd ook nog eens in mijn eentje drie kinderen opvoeden. En ineens komt alles op me af: de zorg voor mijn gezin, mijn werk, de studie. De ellende van mijn collega kan ik er even niet bij hebben. Als ik terugfiets naar huis verwoord ik dat dan ook. Hardop, er is toch niemand in de buurt, zeg ik:

"Kijk, het is wel leuk dat ik kennelijk zoveel vertrouwen uitstraal dat mensen mij hun verhaal durven te vertellen. Maar bij wie kan ik aankloppen met míjn sores?"

Op dat moment hoor ik een stem achter me. En die stem zegt:

'Jij kunt altijd bij mij terecht.'

Ik schrik zo dat ik bijna van mijn fiets val. Gehaast stap ik af en kijk om. Wie is er in vredesnaam achter me komen rijden? Maar wanneer ik omkijk schrik ik nog meer. Want er is niemand achter mij. Het fietspad is leeg. Verdwaasd kijk ik ernaar. Hoe kan dat nou? Die stem was er echt, tastbaar echt. Alsof daadwerkelijk iemand achter mij die woorden uitsprak. Ze kwamen niet uit mijn hoofd, niet uit mijn eigen gedachten. Ik hoorde ze écht. En in een flits dringt het tot me door dat ik de stem van God heb gehoord. Ik kan het niet anders verklaren. Trillend op mijn benen stap ik weer op. Pas een uur later ben ik thuis. Ik vertel niemand over het gebeurde maar koester de woorden in mijn hart. Zo vaak heb ik eraan teruggedacht, als ik het moeilijk had waren ze mijn anker. En ik ondervind dat het geen loze woorden zijn maar het begin van iets moois.

Dat moois wordt ingeluid als er een nieuwe buurvrouw naast me komt wonen. Wonderlijk toch, hoe sommige mensen de loop van je leven beslissend kunnen veranderen. Vaak zonder dat ze het zich bewust zijn overigens. Op een avond staat ze ineens op mijn stoep. Ik wist niet eens dat de woning naast me al weer verhuurd was.

"Sorry dat ik zo laat nog stoor", valt ze met de deur in huis. "Maar mag ik misschien even bellen? Mijn telefoon is nog niet aangesloten."

Ik wijs haar mijn toestel en luister enigszins opgelaten toe hoe ze haar ex zonder enige schroom de huid vol scheldt, de meest grove krachttermen niet schuwend en mijn aanwezigheid in dezelfde kamer totaal niet als belemmering ziend om haar gemoed eens flink te luchten.

"Zo, dat was even nodig", verklaart ze nadat ze de hoorn weer heeft opgelegd."Ik word zo moe van die vent. Hij heeft zelfs de politie achter me aan gestuurd! Hij denkt zeker dat ik achterlijk ben, dat ik niet zelfstandig kan verhuizen of zo. Mannen! Oh ja, ik ben Francis, je nieuwe buurvrouw."

Ik schud haar uitgestoken hand en vraag haar of ze een kop thee wil. Terwijl de waterkoker pruttelt drentelt ze mijn huiskamer rond.

"Ik mag zeker wel even kijken? Dan krijg ik misschien ideeën hoe ik mijn meubels het beste kan neerzetten."

Belangstellend neemt ze mijn spulletjes op. Vooral mijn boekenkast trekt haar aandacht.

"Houd je ook zo van lezen? Ik lees wel drie boeken in de week. Mag ik eens kijken wat je zo al hebt?"

Ze laat haar blik over de ruggen gaan. Dan kijkt ze me nieuwsgierig aan.

"Je hebt veel boeken over geloof en spiritualiteit, zie ik. Heeft dat je interesse?"

Ik knik.

"Ja, ik studeer theologie. De meeste zijn voor mijn studie."

Nu is haar belangstelling helemaal gewekt.

"Jee, theologie! Leuk zeg! Dat zou ik nou ook nog wel eens willen. Hoewel ik zelf een fervent aanhanger ben van Rudolf Steiner. Ben je bekend met de antroposofie?"

Ik moet haar teleurstellen.

"Nee, eerlijk gezegd weet ik daar weinig van. Ik wil me er wel een keer in verdiepen. Maar op dit moment heb ik aan de studie mijn handen vol."

Ze knikt en drentelt verder. Haar blik blijft hangen op een hongerdoek die boven mijn eettafel hangt. Het is er één uit Zuid Amerika met als afbeelding Jezus, omringd door mensen van allerlei pluimage. Weer neemt ze me nieuwsgierig op.

"Ben je een volgeling van Jezus?", vraagt ze op de man af.

Haar vraag overvalt me. Niet omdat ik geen antwoord wil geven, maar omdat ze me dwingt mijn denkbeeld over Jezus spontaan onder woorden te brengen.

"Nou, volgeling ... ik noem mezelf liever Jezus fan. Volgeling klinkt zo ... alsof ik alle dogma's van de kerk zou onderschrijven. En dat doe ik niet. Ik heb mijn eigen kijk op hem."

Een stralende lach breekt door op haar gezicht.

"Gelukkig!", verzucht ze. "Dus jij ziet ook wel dat het beeld door de eeuwen heen flink vertroebeld is geraakt. Gaaf zeg, dat jij hier ook mee bezig bent. Mijn ex heeft geen enkel gevoel voor dit soort zaken. Daar begon de ellende ook mee. Ik wilde mijn zoontje Julian per se naar een vrije school doen. Daar was hij het helemaal niet mee eens. De discussies liepen hoog op. Toen besefte ik ineens dat ik helemaal geen band meer met hem had, dat hij totaal niet begreep waarvoor ik wil staan. Zo gelooft hij niet in reïncarnatie. Zeg nou zelf: hoe kun je daar nou níet in geloven!"

Ik knik instemmend. Ook ik geloof in reïncarnatie, in de onsterfelijkheid van de ziel. En Jezus geeft in verschillende gelijkenissen aan hoe hij hiernaar kijkt. Mij spreekt ook de visie uit het Hindoeïsme aan, als je het los ziet van het kastenstelsel tenminste. In ieder leven heb je een spirituele les te leren en doe je dit goed dan groeit je ziel door, dichter en dichter naar God om uiteindelijk opgenomen te mogen worden in het Goddelijke zelf en incarnatie dus niet meer nodig is. Een prachtig vooruitzicht, toch? En best een opluchting dat je niet alles in één leven hoeft te proppen. Dat maakt het bestaan een stuk rustiger!

De klik van de waterkoker onderbreekt ons gesprek en ik schenk twee mokken thee in. We drinken en even is het stil. Dan vraagt Francis:

"Ben je wel eens naar een lezing van Hans Stolp geweest? Hij is ook een echte Jezus fan! Misschien kunnen we een keertje samen gaan!"

"Ja, wie weet", houd ik me een beetje op de vlakte.

Ik heb de naam Hans Stolp tijdens mijn studie wel eens horen vallen maar volgens mij valt hij in de categorie 'zwevende types'. Ik weet eigenlijk niet of zo'n lezing wel iets voor mij is.

"Weet je ", vervolgt Francis. "Hij legt zo perfect uit hoe het zit met

Jezus en de Christus. Dat was zo'n eye-opener voor mij. Van welke Jezus ben jij eigenlijk fan, Gerjo. Van Jezus, van Jezus Christus of van Christus?"

Weer overvalt ze me met deze vraag. Jezus, Christus? Jezus is toch ook Christus, of niet? Of wordt hij alleen maar zo genoemd ... Ik baal dat ik als theologiestudent niet precies weet wat ze bedoelt maar dat toon ik niet.

"Van Jezus Christus, denk ik dan", antwoord ik.

Het lijkt me het veiligste antwoord.

"Ja, ik ook", knikt Francis. "Die beide kanten van hem, dat maakt hem nu juist zo uniek, toch? Heb je het boek van Hans Stolp over Jezus al gelezen? Nee??? Dat meen je! En dat noemt zich Jezus fan! Ik heb het, je mag het van me lenen. Het is echt de moeite waard! En ik heb nog een mooi boekje van hem over de Zaligsprekingen. Misschien moet je daar anders mee beginnen, dan weet je een beetje waar hij voor staat. En die mag je wat mij betreft dan meteen wel houden, ik heb hem toch dubbel."

Ze zet haar mok op tafel en maakt aanstalten om weer te vertrekken. Al met al heeft haar overrompelende bezoek nog geen half uur geduurd. De volgende ochtend staat ze al weer aan de deur.

"Ik moest even zoeken in de verhuisdozen, maar hier zijn ze dan!"

Ze duwt me de boeken in de handen en met een nonchalant 'ik zie wel wanneer je ze uit hebt' is ze ook zo weer verdwenen.

Verbluft kijk ik haar na. Haar voortvarendheid overrompelt me maar charmeert me ook. In ieder geval is ze geen doorsnee mens, niet zo een van dertien in een dozijn. Daar houd ik wel van. En aangezien ik niet in toeval geloof, heeft het vast een reden dat ze zo nadrukkelijk op mijn pad is gekomen. In ieder geval lijkt het de bedoeling dat ik deze boeken ga lezen. Daarom besluit ik een tentamen dogmatiek over te slaan en me eerst in haar boeken te verdiepen.

Why don't we achieve

In doing the easiest thing to do:

Just love one another

And be happy

‘Dank je Francis dat je mij dit boekje gaf. Al lezende voelde ik: dit gaat over mij! Alle puzzelstukjes op hun plaats. Ik ben dan ook dankbaar dat je het mij juist op dit moment in mijn leven hebt gegeven. En God: U bent pure liefde. Uw stem spreekt in mijn hart.’

Deze tekst heb ik voorin het boekje van de Zaligsprekingen geschreven, nadat ik het in één adem heb uitgelezen. Francis heeft niets te veel gezegd: het is een prachtig boekje! Hans Stolp zelf noemt het een verzameling meditatiespreuken. Ik noem het één groot feest van herkenning, van begin tot einde. Bij iedere spreuk herken ik me in de uitleg die Hans erbij geeft, herken ik de moeizame weg die ik de afgelopen jaren ben gegaan.

In de eerste spreuk gaat het om leren vertrouwen, vertrouwen op je innerlijke stem die je influistert wat goed voor je is. Hans noemt deze innerlijke stem ‘de Christusvonk’, een stille Geest die je, wanneer je leert om je ermee in verbinding te stellen, liefde en vrede geeft, die je optilt naar een andere dimensie, die je het koninkrijk der hemelen leert kennen dat schuilt in jezelf. Het bepaalt me bij het feit dat ik, ondanks het feit dat mijn ouders mij niets over het geloof leerden, heb durven vertrouwen op het stemmetje in mij dat mij vertelde dat ik toch die weg moest gaan.

Bij de tweede spreuk gaat het om verdriet, verdriet om het feit dat het leven op aarde vaak zo donker, kil en liefdeloos is. En dat juist zij die de liefdevolle aanraking vanuit de geestelijke wereld hebben leren kennen, de tegenstelling tussen die twee werelden zo vaak ervaren. Ook ik ken dit verdriet. Ik besef dat ik toen ik jonger was veel optimistischer gestemd was over de mensheid in zijn algemeenheid. Ik vertrouwde op de inventiviteit van mensen om alle wereldproblemen op te lossen: de honger in de Derde wereld, het gat in de ozonlaag, de strijd tussen Israël en de Palestijnen. Naar mijn gevoel zijn we in staat om dit allemaal aan te pakken, alleen doen we het niet! We kiezen er liever voor ons geld uit te geven aan de zoveelste nieuwe auto, vervanging van de keuken die toch wel erg gedateerd is en de flat screen TV met 3D effect. We maken ons druk over van alles en nog wat, behalve over het eigenlijke, dat wat de Geest ons probeert in te fluisteren. Gelukkig mag wie dit verdriet kent, ervaren dat het goddelijk licht als een tastbare werkelijkheid in het hart aanwezig is. Ook ik mag dit ervaren, al kost het me in deze hectische, materialistische wereld wel moeite om me er telkens weer mee te verbinden.

Toch leert de derde spreuk ons dat we dit wel moeten blijven doen. Dat is niet altijd eenvoudig. Je moet je kwetsbaar durven opstellen, tonen dat je anders dan de meeste mensen naar het leven kijkt. Dat maakt dat je in je omgeving vaak alleen zult staan en je loopt het risico belachelijk gemaakt te worden, zoals ook Jezus overkwam. Maar, zo zegt Hans, de zachte krachten in je hart die daar vanuit de geestelijke wereld zijn ingelegd, zullen je helpen en je laten weten dat jij, door jouw houding, kunt bijdragen aan de transformatie van het leven op aarde. Ik denk zeker dat dit zo is. Wanneer je kijkt naar onze economie, het verschil tussen arm en rijk dat steeds groter wordt, ons streven om altijd maar weer economische groei te bewerkstelligen ten koste van het leefmilieu op aarde, dan kun je niet anders dan constateren dat dit een heilloze weg is en dat we op een heel andere manier met elkaar om zullen moeten gaan, dat we op zoek moeten gaan naar waar het nu eigenlijk om gaat.

En daar gaat het om in de vierde spreuk. Want is die eigenlijke werkelijkheid niet juist datgene waarnaar we het diepst verlangen? Een leven hier op aarde dat in overeenstemming is met het leven in de geestelijke wereld? Wie dat zo ervaart, lijdt aan het leven hier en aan wat mensen elkaar en de aarde aandoen. Die hunkert naar gerechtigheid en naar het échte leven. Ik ken dit gevoel zelf zo goed! Het heeft alles te maken met de teleurstelling in de mensheid die gedurende mijn leven is gegroeid, het besef dat we het allemaal binnen handbereik hebben en toch niet in staat lijken om er iets mee te doen. Al zouden we ons alleen maar houden aan de tien geboden, wat zou ons dat al kunnen opleveren! We zouden geen politie meer nodig hebben, geen rechtbanken. Al het geld dat we daardoor overhouden zouden we kunnen steken in een perfecte gezondheidszorg. Maar zelfs dat lukt ons al niet. En dat terwijl Hans dit 'basisstof' noemt. Laat staan dat we de stap naar déze kennis, die van de Zaligsprekingen, zouden kunnen zetten. Het lijkt niet voor ons mensen weggelegd en ik ben soms oprecht verdrietig om dit besef, en mijn onmacht om hier als individu iets aan te veranderen.

Maar, zo leert de vijfde spreuk ons, helemaal onmachtig ben je niet. Want door te zaaien, als is het maar een sprankje twijfel in het hart van de ander, zul je oogsten. Doe je niets dan gebeurt er niets. Maar door zelf te laten zien dat het ook anders kan, oogst je misschien dat een ander ook anders gaat kijken. Dit kan alleen wanneer je werkelijke belangstelling voor die ander hebt en hem of haar oprecht respecteert. Wanneer je de ander met een warm hart tegemoet treedt, handel je in de geest van Christus en als je los van je eigen ego de warmte van Christus voelbaar kunt maken in je omgeving, dan ben je op de goede weg en zul je de bevestiging van God voelen.

Dit kan, volgens de zesde spreuk, door bijzondere dromen, door een bijna-dood-ervaring of door een innerlijk zeker weten dat opbloeit. De eigenlijke wereld wordt dan zichtbaar voor je, zoals ook ik heb mogen ervaren omdat God zich de afgelopen tijd zo duidelijk heeft gemanifesteerd in mijn leven. En ook al is wat ik tot nu toe heb ervaren nog maar een beginnetje, zo is er bij mij zeker geen sprake geweest van zoiets als een bijna-dood-ervaring, het innerlijk zeker weten heb ik me wel degelijk eigen gemaakt en het maakt veel van het verdriet dat ik heb over het onrecht in deze wereld goed!

Volgens de zevende spreuk ben je er dan klaar voor om in de voetsporen van Jezus te treden. In Jezus voelden mensen het oervertrouwen dat ze zelf waren kwijtgeraakt, de dimensie die ze zelf niet meer konden bereiken, de wereld van hun herkomst. Ik lees dit stukje met grote belangstelling. Komt uit het feit dat ik kennelijk al zoveel stappen heb mogen zetten op dit meditatieve pad, soms mijn gevoel van verbondenheid met Jezus voort? Het maakt me stil, dit besef, stil van dankbaarheid. Dank U Heer, dat U mij zover hebt gebracht! Dank U voor dit boekje dat alles zo mooi op een rijtje zet. Dank U voor Uw steun op deze moeilijke weg, zoals ook de achtste spreuk beschrijft.

Moeilijk omdat, als je deze weg gaat, je hier over het algemeen al voor je geboorte voor hebt gekozen. Daarmee zet je jezelf als kind al buiten het gezin waarin je opgroeit. Je hebt andere ideeën dan je familieleden, die vaak uit een andere geestelijke sfeer komen dan jijzelf. Daardoor voel je je vaak een buitenstaander. Ook dit herken ik zo! Ik was in ons gezin immers de enige die belangstelling had voor religie. Ook ik heb me daardoor vaak een buitenbeentje gevoeld! Maar, zo zegt deze spreuk, juist hierdoor leer je trouw te blijven aan wat je zelf voelt, weet en denkt, desnoods dwars tegen andere opvattingen in. Zo kun je dit later meenemen in de samenleving, waar je ook moet opbotsen tegen mensen die anders denken dan jij en die niet van verandering en de daarbij horende onzekerheid houden. Want verandering betekent het loslaten van zekerheden en dat maakt angstig. Ook een instituut als de kerk is huiverig voor vernieuwing en ze heeft niet door dat ze daarmee juist tegen de koers die de Geest met de mensheid voorheeft, ingaat. Is dit niet waar ik ook tijdens mijn studie tegenaan loop? Worden daarom dit soort boeken daar niet aangeboden?

Is het in de ogen van de kerk soms een leer waarmee je je maar beter niet kunt inlaten, zoals in Jezus' tijd de gnostiek en andere stromingen die in de loop van de eeuwen zijn verketterd? En dat terwijl dit boekje me meer raakt dan alles wat ik tot nu toe voor mijn studie heb moeten lezen!

De negende spreuk gaat over dit thema. Hierin wordt duidelijk benoemd dat wanneer je dit punt hebt bereikt, wanneer je als het ware leeft in twee werelden, de aardse en de geestelijke wereld, je een vreemdeling wordt op deze aarde. Want dan maak je jezelf tot een uitzondering. Je past niet meer in het patroon en dat maakt dat je kunt rekenen op veroordeling. Dit is natuurlijk wat er ook met Jezus gebeurde. Hij streefde hogere, geestelijke wetten na en voelde zich niet gebonden aan de aardse wetten. Het lijkt het onontkoombaar lot te zijn van hen die de Christusvonk in zichzelf aan het licht willen brengen.

Met deze conclusie eindigt het boekje en ik bedenk dat als Jezus in onze tijd zou leven, het met hem dus waarschijnlijk niet veel anders zou aflopen dan toen. Een deprimerend idee, want kennelijk hebben we in al die eeuwen dus niets geleerd. Heeft Jezus dan voor niets geleefd? Wat hebben we nu eigenlijk van hem geleerd? Ik ben benieuwd hoe Hans Stolp hiernaar kijkt en ik begin dan ook vol verwachting aan het andere boek dat Francis me gaf.

You are the only one

Who knows me inside out

The pain in my soul

The yearning of my heart

Jezus van Nazareth, dat is de eenvoudige titel van het boek. De ondertitel is: esoterisch bijbellezen. Ook dit boek lees ik met grote ontroering. In de inleiding beschrijft Hans het spanningsveld dat bestaat tussen de twee beelden van Jezus die in onze tijd het meest naar voren komen: Jezus als zoon van God, die daarmee eigenlijk een figuur is geworden waarmee je je nauwelijks nog kunt identificeren. De Jezus die ik op de zondagschool leerde kennen, zeg maar. En als tegenhanger de historische Jezus, de eenvoudige timmerman uit Nazareth die vanaf zijn dertigste nog wat leuke dingen heeft geroepen. Ook niet echt bevredigend. Hans zoekt de waarheid daarom in het midden, waar ik na het lezen van al die boeken ook ben terechtgekomen. En hij schetst een beeld van Jezus dat hij baseert op de 'mysterie scholen' die in de tijd van Jezus kennelijk bestonden. Dat mysterieuze spreekt me niet zo aan. Wel kan ik begrijpen dat de mensheid spiritueel een ontwikkeling doormaakt en dat de een die ontwikkeling sneller doorloopt dan de ander. En dat, zeker in Jezus' tijd, veel mensen nog niet toe waren aan het begrijpen van bepaalde spirituele waarheden. Niet voor niets zegt hij: 'Je moet je paarlen niet voor de zwijnen werpen.' Dus deelde hij bepaalde denkbeelden en waarheden slechts met een kleine groep 'verstaanders'. En de boodschap die hij voor die verstaanders heeft, is prachtig! Het is een esoterische boodschap, dat wil zeggen: zoek God in jezelf. In jezelf kun je Hem ontmoeten.

In een tijd waarin God vooral gezien werd als een realiteit buiten de mens en waar de volkeren om Israel heen nog geloofden in verschillende Goden, is zijn boodschap revolutionair. Hij daagt mensen duidelijk uit een stap te zetten, het beeld van een persoonlijke God los te laten en verder te kijken. Hoe? Dat is eigenlijk kinderlijk eenvoudig. Het enige wat je moet doen, is je ego loslaten zodat er ruimte komt voor aanraking vanuit de geestelijke wereld. En die aanraking is waar het om gaat. Het is de 'woe wei' zoals de Tao zegt, de eeuwige stroom die zorgt dat de dingen gaan zoals ze moeten gaan. Helaas lijkt het of wij mensen er juist alles aan doen om die stroom niet toe te laten in ons leven. Ik begrijp dat wel. Het betekent overgave, het loslaten van controle. Ook ik vind dat niet altijd makkelijk, al gaat het me wel steeds beter af. Het is een kwestie van even pas op de plaats, even 'kijken hoe iets voelt'. Vertrouwen op je intuïtie in plaats van altijd maar op je verstand. Een gevoelsmens durven zijn in een steeds zakelijker wordende maatschappij. En zoals Hans ook in de zaligsprekingen aanstipt: wanneer je daarvoor kiest, kies je voor een eenzame weg.

Ook in dit boek beschrijft hij prachtig de eenzaamheid die Jezus moet hebben gevoeld, eenzaam door de keuzes die hij maakte. Eenzaam in de onmacht om het contact dat hij voelde met de geestelijke wereld, met God, werkelijk onder woorden te brengen en over te dragen. Niet voor niets gebruikte hij daarom gelijkenissen, herkenbare verhalen voor mensen, in de hoop zo wel begrepen te worden. Maar zelfs daarmee was dat lang niet altijd het geval. Het feit dat Hans met name deze eenzaamheid zo openlijk beschrijft doet veel met mij. Het herinnert me eraan dat ik ooit in het kader van mijn studie heb geprobeerd hierover een essay te schrijven, over wat ik dan noem 'existentiële eenzaamheid'. Mappen vol informatie kreeg ik toegestuurd van allerlei kerkelijke instanties. Maar niet één gaf me een bevredigend antwoord. De informatie ging vooral over eenzaamheid bij ouderen, het gebrek aan contact met medemensen en de eenzaamheid die daaruit voortvloeit. En hoe je daar als pastoraal werker mee om zou kunnen gaan. Maar dat was niet waar ik naar zocht. Ik heb voldoende mensen, goede vrienden, familie om me heen die naar mij omkijken. In dat opzicht ben ik niet eenzaam. Nee, het gaat om het grondgevoel, het basisgevoel dat als het erop aan komt je je eigen weg moet gaan en dat niemand je daarbij kan helpen. De essentiële vragen van het leven moet je zelf oplossen, niemand anders dan jijzelf kan daarop de antwoorden formuleren. Dat is een eenzaam proces. Je zou er wel over willen praten, maar hoe zou je de juiste woorden kunnen vinden? Juist die zaken die ons het meest na aan het hart liggen, laten zich niet makkelijk in woorden vangen. Geloof, vertrouwen, ondefinieerbare angst, Jezus, God ... Wanneer je erover praat worden het holle frasen. Het échte gevoel kun je niet benoemen. Eigenlijk is er maar één die deze gevoelens wel begrijpt, zonder woorden. En dat is God zelf. En juist Hij toont zich zo vaak verborgen, ondanks zijn belofte dat Hij er altijd voor mij zou zijn. En nu ik hier lees dat ook Jezus dit regelmatig zo moet hebben gevoeld ben ik ineens kwaad op God. Ik zie het beeld van de huilende Jezus zoals Steve Balsamo zo prachtig vertolkte voor me en de pijn snijdt door me heen. Maar tegelijkertijd voel ik me schuldig. God geeft me immers ook zoveel goeds.

Een beetje beschaamd pak ik het boek er maar weer bij. En al lezende verdwijnt mijn boosheid en maakt plaats voor ontroering. Want deze Hans Stolp is de eerste die de essentie wel weet te pakken, die mij raakt aan die gevoelige snaar en, dat kan niet anders, dit zelf dus ook kent! En hij niet alleen maar meer mensen die er met hem over gesproken hebben, maak ik uit de tekst op. Natuurlijk vanuit het heerlijke besef dat hij ook echt weet waarover het gaat.

Dat heerlijke besef biedt mij nu ook troost en de drang om verder te lezen is groot. Want ik begin te begrijpen waar mijn gevoel van verbondenheid met Jezus vandaan komt. Hij heeft deze gevoelens van eenzaamheid, frustratie en boosheid dus ook gehad. Het brengt hem ineens nóg dichterbij. Ongeduldig lees ik door, benieuwd hoe Hans naar de kruisiging kijkt!

Wat volgens hem de essentie van de kruisiging is weet ik inmiddels: door de dood van Jezus zal de Christusgeest, die hij vanaf zijn doop in de Jordaan heeft gedragen, worden bevrijd en door dit vrijwillig gebrachte offer is ieder mens vervolgens in staat contact te maken met deze geest. Ook dit stuk van het boek begint weer prachtig. Aan ieder kruiswoord dat Jezus heeft uitgesproken verbindt Hans als het ware een meditatie. Maar als ik kom bij de woorden 'Mijn God, Mijn God, waarom hebt Ge mij verlaten', de woorden die mij altijd zo diep raken, lees ik verbijsterd wat Hans hierover schrijft. Hij vertaalt deze woorden met 'Mijn Heer, mijn Heer, dank u dat u mij zo verheerlijkt'. Mijn mond valt open van verbazing. Dit is voor mijn gevoel wel een heel vreemde wending! Ik begrijp Hans' uitgangspunt dat je door te lijden kunt groeien naar een hoger geestelijk niveau. En ik denk zeker dat Jezus, juist door zijn verbondenheid met God en zijn diepe verlangen om terug te keren naar de geestelijke wereld, zich niet verloren heeft in zijn pijn. Maar dit gaat wel heel ver! Ik vind dat Hans hiermee eigenlijk leugenstraft wat hij zelf in de inleiding van zijn boek heeft aangegeven: dat we Jezus niet te veel moeten 'vergoddelijken', dat hij wel identificeerbaar moet blijven en dat we hem als mens recht moeten doen. En nu doet hij zelf het tegengestelde!

De rest van het boek lees ik niet meer. Dat Jezus' lijden in mijn ogen zo wordt gebagatelliseerd maakt dat ik sterk voel dat hem hier onrecht wordt aangedaan. Hij was een mens van vlees en bloed als ieder van ons, met huid, spieren en zenuwen waarmee hij pijn even diep voelde als wij dat doen. Natuurlijk voelde hij zich gedragen door de overtuiging dat hij dit moest doen en ik weet zeker dat hij zichzelf bij dit alles niet verloren heeft. Maar dat hij zo verlicht zou zijn dat hij totaal niet geleden zou hebben en dat aan de vraag waar God op dat moment was volledig voorbij wordt gegaan, nee: dat gaat me echt te ver. Mijn verontwaardiging is oprecht en laat zich niet makkelijk verdrijven. Ik overdenk hoe ik ervoor zou kunnen zorgen dat hem recht wordt gedaan. Misschien moet ik Hans een brief sturen om mijn verontwaardiging te verwoorden. Maar ach, wat zou dat voor effect hebben, behalve dan dat ik mijn geweten zou sussen. En ik sta er een beetje dubbel in omdat Hans ook zoveel mooie dingen heeft geschreven. Ik kom er niet echt uit.

De volgende dag moet ik een boodschappenlijstje maken voor mijn verjaardag. Ik ga aan tafel zitten met pen en papier maar het lukt me niet me op de boodschappen te concentreren. Mijn pen zweeft werkeloos boven het papier. Tot er ineens duidelijk woorden in mijn hoofd opkomen. Ze vormen zinnen die nieuw ontspruiten maar toch vertrouwd lijken. Gebiologeerd laat ik ze tot me doordringen. Dan begin ik gedreven te schrijven. Zonder moeite vloeien de woorden uit mijn pen, rijgen zich aaneen tot zinnen. Altijd als ik snel schrijf wordt mijn handschrift vrijwel onleesbaar. Maar het lukt me het geschrevene terug te lezen en verbijsterd laat ik de tekst tot me doordringen. Het is een akelig realistisch beeld van Jezus' kruisiging. Realistisch omdat de gruwel van een kruisiging niet onder de tafel wordt geveegd: de benauwdheid, de vlammende pijn in de voeten, de hoog oplopende hartslag. Ik berg het papier zorgvuldig op en na boodschappen te hebben gedaan, typ ik het in op de computer. Dan ga ik vroeg naar bed, met het oog op de drukke verjaardag de volgende dag.

Die dag zit mijn kamer vol visite. Maar het liefst zou ik zien dat ze snel weer gaan. Want ik heb opnieuw een prachtig beeld gezien dat ik gewoon móet opschrijven. Nu gaat het om een romantisch rendez-vous tussen Jezus en Maria Magdalena. Ze zijn verliefd, dat is duidelijk, al houdt Jezus de boot een beetje af wanneer Maria avances maakt. In de keuken krabbel ik tussen de taart en de koffie door wat op papier en 's avonds heb ik eindelijk tijd om het uit te werken. De scène vertedert me. Altijd al geweten dat Jezus gewoon verliefd kon worden, al lijkt hij zich op dit moment met zijn gevoelens even geen raad te weten.

In sommige van de boeken die ik heb gelezen wordt gesteld dat Jezus en Maria gewoon getrouwd waren en ook kinderen hadden. Die indruk heb ik vanuit het beeld dat mij nu is aangereikt niet. Het lijkt me ook erg moeilijk voor Jezus, die niet alleen veel op reis was maar ook volledig werd opgeslokt door zijn roeping, om een normaal gezinsleven te leiden. Maar verliefd is hij ongetwijfeld geweest en ik geniet ervan het zo te mogen beschrijven. Het bepaalt me bij de vraag hoe het nu écht is gegaan bij zijn ouders, Jozef en Maria. Ik geloof niet in de maagdelijke geboorte. Voor mij is het een gekunstelde constructie, ooit bedacht door de kerk om de erfzonde te omzeilen. Alsof zonde erfelijk zou zijn! En wat is eigenlijk zonde? Het hebben van seks? Volgens de oude kerk kennelijk wel. Zo werden niet alleen Jozef en Maria, maar ook Jezus zelf tot seksloze wezens gemaakt. Het prikkelt me om daarom juist het omgekeerde te beschrijven: Jozef en Maria die van elkaar houden en daarom gewoon met elkaar naar bed gaan. Bovendien geeft Jezus zelf min of meer aan hoe het zat: wanneer hij praat over zijn Vader in de hemel impliceert hij immers dat hij ook een vader op aarde heeft! Een vader die hem naar mijn gevoel een heerlijk warm nest heeft geboden. Ja, dat beeld voelt goed en tevreden kruip ik op tijd in bed. Maar ik ben al vroeg weer wakker. Ik werp een blik op de wekker en zie dat het pas vijf uur is. En plotseling zie ik opnieuw helder een beeld voor me.

Er loopt een jongen over straat, zo te zien in een wat kleiner stadje en overduidelijk in de Romeinse tijd. Het is erg warm, dat voel ik bijna lijfelijk en dat kun je ook zien. De zon brandt en het zand waaruit de straat bestaat is door de droogte veranderd in een harde laag, met hier en daar wat scheuren. De jongen heeft een soort lange jurk aan, een beetje smoezelig wit, en hij draagt twee kruiken. Het is voor mij zonneklaar dat dit Jezus als kind is en dat hij kennelijk op weg is om water te halen. Gedreven sta ik op en beneden in de koude kamer haast ik me om ook dit beeld op te schrijven. Wat geweldig dat ik niet alleen iets over de volwassen Jezus krijg aangereikt, maar ook iets over Jezus als kind. Het geeft me de mogelijkheid om meer over dat warme gezin, waarover ik heb nagedacht, te schrijven. En het wordt me langzamerhand duidelijk dat het de bedoeling is dat ik hier voorlopig aan ga werken.

In de maanden daarna ligt mijn studie volledig stil en ben ik bijna dag en nacht bezig om alles wat ik te zien krijg te verwerken. Hoewel het verhaal van de hak op de tak springt, voel ik al die tijd dat het goed wordt en dat ik Jezus er recht mee doe. Ondanks het feit dat ik vaak tot diep in de nacht doorwerk, blaak ik van energie en het verveelt me geen moment om hiermee bezig te zijn. Integendeel! Ik raak er steeds meer in verstrikt en zoek op internet naar bronnen die me kunnen helpen het verhaal vorm te geven.

Het maakt dat ik langs de prachtigste verhalen kom zoals het Aquarius Evangelie. Hoe kan het dat hier in mijn studie nooit over is gesproken. Het is zo mooi! Met veel anekdotes uit Jezus' jeugd die ik prima voor mijn verhaal kan gebruiken. Het Thomas Evangelie, ook zo'n pareltje. Het geeft het beeld van Jezus zoals ik het ken uit de bijbel zoveel meer diepgang. Het Evangelie van Maria Magdalena, dat duidelijk onderstreept hoe bijzonder de band tussen haar en Jezus was. Jezus die haar in vertrouwen neemt en zijn diepste zielenroerselen met haar deelt. En dan het Judas Evangelie. Wat een ander beeld geeft dat van de eeuwige verrader, die hij dus helemaal niet blijkt te zijn!

Na een half jaar is het verhaal klaar en ik stuur het manuscript naar verschillende uitgevers. Het resultaat is zo mooi geworden dat mensen de kans moeten krijgen het te lezen. En de aanhouder wint! Gopher, een wat kleinere uitgever uit Amsterdam, is bereid het verhaal te publiceren, mits ik het geheel wat bondiger en levendiger maak. Ik ben blij, al moet ik er op dit moment niet aan denken om het nog een keer door te werken. Maar dat hoeft niet per se meteen. Eerst even niets, uitrusten en genieten van dit goede bericht!

Thank You for Your presence

Thank You for Your ever lasting love

It's a gift beyond understanding

And most certainly worth all the sorrow

Nu ik een uitgever voor mijn verhaal heb gevonden, beland ik eindelijk in rustiger vaarwater. Pas dan kom ik eraan toe om alles wat me is overkomen een plekje te geven. Ik vind het moeilijk om er met anderen over te praten. Liever vertel ik dat ik erg geïnspireerd was, dan dat ik zeg dat ik voor mijn gevoel het verhaal grotendeels doorgegeven heb gekregen. Ik weet zeker dat bijna iedereen verbaasd zijn wenkbrauwen zal optrekken. De enige die ik wel in vertrouwen neem, is mijn vriendin Jozé. Wanneer we op een dag samen in de sauna zijn, vertel ik haar hoe ik alles heb ervaren. Kennelijk is zij niet de enige die mijn verhaal aanhoort, want als ik later in het restaurant iets te drinken haal, spreekt een man mij aan.

"Het lijkt er inderdaad op dat je het boek doorgegeven hebt gekregen", zegt hij. "Ik heb daar zelf ook ervaring mee. Mijn vrouw en ik krijgen regelmatig boodschappen door van Maria. Vaak is het je spirituele begeleider die op die manier contact met je zoekt. Er zijn wel cursussen die je daar inzicht in kunnen geven. Een gidsencursus of zo."

Vrijwel meteen nadat hij dit heeft gezegd is hij ook weer verdwenen. Een beetje verdwaasd blijf ik achter. Mijn spirituele begeleider zou me dit verhaal hebben doorgegeven? Maar als ik zo duidelijk het gevoel heb dat het vooral Jezus zelf is die zich hiermee heeft bemoeid, zou hij dan mijn spirituele gids zijn? Dat kan ik niet geloven! Daarvoor ben ik toch veel te onbeduidend. Jezus heeft wel wat beters te doen!

En zo'n cursus is niets voor mij, veel te zweverig! Maar na het een paar dagen te hebben laten bezinken, kruip ik toch achter mijn computer en typ op Google 'cursus & spirituele gids' in.

En zo rijd ik op een dag richting Groningen voor een gidsencursus. Ik heb er wel een dubbel gevoel bij. Aan de ene kant heb ik sterk de behoefte om de ervaringen die ik tijdens het schrijven heb opgedaan een plaats te kunnen geven. Aan de andere kant lijkt het me niets. De behoefte aan duidelijkheid heeft echter gewonnen en ik meld me bij de cursusruimte die een gewone flat in een gewone straat blijkt te zijn. Niet een plaats waar je verwacht de meest opmerkelijke gebeurtenis van je leven mee te maken: mijn BDE.

Het is een vrij grote groep cursisten waarin ik terechtkom, ruim twintig mannen en vrouwen. Na een kennismakingsrondje en wat ontspanningsoefeningen gaan we in meditatie. Voor mij de eerste keer. Maar Vincent die de meditatie leidt, doet dit heel plezierig en ik geef me er makkelijk aan over. En dan gebeurt wat ik mij altijd als de dag van gisteren zal blijven herinneren: de eerste keer dat mijn gids openlijk contact met mij zoekt. Ik ben totaal onvoorbereid op de kracht en intensiteit van die ervaring.

"Als het goed is, komt je gids zacht, subtiel binnen", zegt Vincent.

Nu, bij mij dus echt niet!

Plotseling en onverhoeds overspoelt een als door een orkaan opgezweepte golf van energie me en van het ene op het andere moment ben ik ieder contact met de aarde kwijt en word ik meegesleurd in een andere dimensie. Ik ben me niet meer bewust van mijn lichaam, de golven slaan door me heen en over me heen. Het is een paarse zee van liefde en geluk waarin ik word meegevoerd, met voor me uit een stralend licht, fonkelend als een juweel, uiteenspattend als een vuurbal van gouden stralende sterren, en energie: geweldig, weldadig, overweldigend, onvoorstelbaar. Het omgeeft me aan alle kanten, zowel in me als om me, tintelend, golvend, trekkend, lonkend. Dan, helder in mijn hoofd:

'Ik ben er'

Het brengt me weer enigszins tot mezelf. Vincent heeft verteld dat je mag vragen: 'wat is je naam?' en dat doe ik dan ook. Een antwoord blijft echter achterwege. Het maakt me niet uit. Zo onbelangrijk is dat op dit overweldigende moment! Ik laat me weer wegzakken en verder meevoeren. Ik ben als een schip, speelbal van de golven, onder en boven bestaan niet meer, enig tijdsbesef evenmin. Ik raas voort met al die tijd dat stralende licht voor me uit en ik voel dat alles goed is: weldaad, rust, ruimte en liefde, een allesomvattende liefde. Niets hoeft er meer.

Dan sluit Vincent de meditatie af. Met moeite ruk ik me los uit die omarming van liefdevolle aandacht en overrompelende energie en laat me terugzakken in mijn lichaam. Voor mijn gevoel uren later land ik weer op vaste bodem.

"Wil iemand misschien iets delen?", vraagt Vincent.

Ik aarzel. Aan de ene kant popel ik om mijn ervaring te delen. Aan de andere kant lijkt mijn verhaal nogal onbeduidend vergeleken bij de onthullingen van de anderen. Zij weten wel de naam van hun gids te noemen en vertellen enthousiast dat ze een geschenk in ontvangst mochten nemen. De één een prachtige edelsteen, de ander een bloem. En hier zit ik, met lege handen: geen naam, geen geschenk.

"Nou, ik wil wel even reageren op wat je zei over dat subtiel binnenkomen", zeg ik dan toch. "Zo heb ik het namelijk helemaal niet ervaren! Ik zit nu nog te trillen, zo heftig vond ik het!"

"Heeft je gids zijn naam onthuld?", informeert Vincent belangstellend.

Ik schud mijn hoofd.

"Nee, hij zei alleen maar: 'ik ben er'."

"Toch een heel bijzondere ervaring, zo te horen!", zegt Vincent invoelend en ik weet dat hij het ook echt meevoelt.

Ik knik en zend hem een dankbare blik toe. Fijn dat hij me het idee geeft dat mijn ervaring minstens zo waardevol is als die van de anderen.

Ik eet samen met een medecursist in een restaurantje en rond een uur of tien ben ik op mijn overnachtingadres. Dan pas heb ik tijd om na te denken over wat er die middag is gebeurd. Het gevoel dat overheerst is een enorm verlangen naar wat ik heb ervaren, verlangen om nogmaals op te gaan in die paarse oceaan en die overrompelende liefde opnieuw te voelen. Dus zoek ik, in de stilte van mijn slaapkamer, opnieuw contact met mijn gids. Ik volg de aanwijzingen van Vincent op en al snel raak ik in trance. Ik geniet van de stilte om me heen, de weldaad om dit te mogen doen, de rust die het geeft. Ik zak dieper weg in mijn ontspannen concentratie. Dan, als een zonnestraaltje tussen de wolken door: een paarse lichtstraal. Ik voel mijn hart sneller slaan. Het straaltje wordt een enorme paarse gloed en ik weet: dezelfde gids als die middag meldt zich. Gespannen wacht ik af wat er zal gaan gebeuren. En weer voert hij me mee, al raast de storm nu minder hard. Zijn energie herken ik al, de paarse zee waarop ik mag drijven, de overweldigende kracht, rust en liefde. Ik dobber genietend mee maar besef dan dat ik hem wel met een doel heb gezocht. Ik raap al mijn moed bij elkaar en vraag dringend:

"Vertel me je naam, alsjeblieft."

Even valt de storm stil maar al snel is hij er weer. Kleine paarse lichtpuntjes dansen plagend voor mijn ogen en duidelijke verschijnt er in mijn hoofd:

'Waarom vraag je dat?
Je weet toch al lang wie ik ben!'

Verbijsterd laat ik de woorden tot me doordringen. Want inderdaad: ik weet het al! En de opmerking van die man in de sauna heeft mijn vermoeden alleen maar versterkt. Maar de bedoeling van deze cursus was nou juist om de bevestiging te krijgen dat het níet zo is. En ik besluit om het niet te geloven. Ik wiebel met mijn tenen om weer snel terug te keren. Ontdaan blijf ik nog zeker vijf minuten bewegingloos op mijn bed zitten. Dan sta ik op om water in de waterkoker te doen.

Ik drink mijn thee, schud alles van me af en ga naar bed. De dag van morgen zal misschien meer duidelijkheid brengen. Nu sluit ik er, letterlijk, mijn ogen voor.

De volgende dag gaat Vincent weer voor in meditatie. Zijn woorden nemen ons mee en ook ik laat me meevoeren naar een prachtig meer waarvan het water rimpelloos is, door geen gedachte in beweging wordt gezet. En dan, net als de dag ervoor, is hij er weer. Zijn energie is nog krachtiger dan de eerste keer en ik ga volledig onderuit.

Een storm raast door mijn ziel, een storm die alles door elkaar gooit: verleden, heden, toekomst, alles komt bij elkaar, raakt door elkaar, uit balans, in balans, waar komt het vandaan, hoe kan ik het plaatsen, welke kant gaat het op. Ik besef dat ik me maar het beste kan laten meevoeren in deze storm, vertrouwende op mijn gids die vast het beste met mij voorheeft en er toch niet op uit zal zijn om mij uit mijn doen te brengen. Dus dompel ik mezelf onder in die enorme paarse gloed, voel hoe mijn hele lichaam hierbij betrokken is. En ik zink weg, diep, diep en nog dieper. Wanneer Vincent ons doet terugkeren, draait alles om me heen en volkomen overrompeld zit ik erbij.

Net als gisteren krijgen we de gelegenheid om iets te delen en hoe graag zou ik dit willen! Maar ik ben totaal lam geslagen. Een hevige emotie snoert mijn keel dicht. En ik ben bang dat ik moet huilen als ik zou proberen iets uit te brengen. Dit weerhoudt me dan ook want ik heb geen zin om mijn emoties voor de hele groep te tonen.

“Wil jij misschien iets vertellen, Gerjo?”, vraagt Vincent echter.

De toon van zijn stem biedt voldoende ruimte om ook nee te zeggen. Vertwijfeld kijk ik hem aan. Jezus is voor mij zo bijzonder en het idee dat hij zijn persoonlijke aandacht naar mij wil laten uitgaan is voor mij niet te bevatten. Maar Vincent knikt me bemoedigend toe en na een korte aarzeling stamel ik:

“Nou, ik ben wel een beetje emotioneel nu, want ik denk dat ... Jezus mijn gids is.”

Vincent glimlacht.

“Eerlijk gezegd had ik dat gisteren al door!”, zegt hij nuchter. "Toen je vertelde hoe heftig jouw gids binnenkwam en als je bedenkt dat je een boek over hem hebt geschreven lijkt het me ook heel logisch, ja toch?"

Verward schud ik mijn hoofd. Waarom doet hij voorkomen alsof het allemaal heel gewoon is, terwijl het mij juist zo overweldigt? Ik probeer mijn gedachten te ordenen en zoekend naar de juiste woorden zeg ik:

"Tja, als je het zo zegt lijkt het logisch maar voor mij is het dat niet. Ik weet ook niet of dit wel goed voor me is. Ik zit nu nog te shaken."

Vincent lacht en hij zegt, terwijl hij me geruststellend aankijkt:

"Luister, Gerjo. Als ik jou zo beluister heeft Jezus het zelf ook niet zo handig aangepakt. Hij heeft je veel te veel overdonderd en dat is niet nodig. Laat hem weten dat hij zijn energie beter op jou moet afstemmen. En kijk niet met té veel ontzag naar hem. Hij wil naast je staan, dus je hoeft niet tegen hem op te zien."

En hij vervolgt:

"Laat ik jullie anders eerst iets vertellen over welke gidsen we zoal kennen. Dan begrijpen jullie misschien beter hoe het kan dat iedereen het verschillend ervaart, of dat je de ene keer misschien iets heel anders meemaakt dan de andere. Zo heeft iedereen zijn eigen geleide gids. Dit kan een overleden familielid zijn, een ander geïncarneerd iemand of een engel, dus een gids die nog niet hier op aarde heeft geleefd. Daarnaast kun je een Hoge Meester als gids hebben, zoals Jezus of Maria Magdalena. Ik merk dat Jezus zich in onze tijd steeds meer manifesteert. Het lijkt erop dat we op de drempel van een nieuwe tijd staan en dat hij zich persoonlijk inzet om ons veilig deze nieuwe tijd in te loodsen. Steeds meer mensen geven aan contact met hem te ervaren. We moeten ons realiseren dat de energie die van Jezus uitgaat voor ons niet te bevatten is. Ze is zo sterk en veelomvattend dat hij miljoenen tegelijk zou kunnen raken, als hij dat zou willen. Wanneer je zijn aanwezigheid ervaart is het goed te beseffen dat dit maar een aspect van hem is, een glimpje dat hij laat zien. Maar zelfs zo'n glimpje kan al heel overrompelend zijn. Daarom is het goed je grenzen aan te geven, aan te geven wat je wel en niet aankunt."

Vriendelijk vraagt hij:

"Wil je dat proberen, Gerjo?"

Ik knik en als hij opnieuw de meditatie inzet voel ik me meer op mijn gemak dan de keren hiervoor. En Jezus heeft de boodschap kennelijk al begrepen want ook al herken ik zijn energie onmiddellijk, het is nu heel anders. Ik voel de tinteling die ik tijdens het schrijven ook zo vaak ervoer, vanuit mijn tenen door mijn hele lichaam gaan. Zijn energie vermengt zich met de mijne tot ik me volledig opgenomen voel in een paarse oceaan waarvan de rimpelingen aan het oppervlak aanvoelen als een weldadige deining waarop je eindeloos kunt drijven. Het voelt ongelofelijk goed en later is het alsof we hand in hand lopen over een oneindig strand, terwijl de paarse golven over onze voeten spoelen.

Als we zijn teruggekeerd beef ik over mijn hele lichaam. De spanning ontlaadt zich en ik heb het ineens verschrikkelijk koud. Vincent haalt een dekentje voor me en legt het liefdevol om mijn schouders. Aan het eind van de dag vind ik het bijna jammer dat ik deze plek van inspiratie achter me moet laten.

Die avond heb ik na lange tijd weer zin om te schrijven. Mijn pen vliegt als vanouds over het papier en ik schrijf het volgende gedicht:

Ik weet wie mijn gids is,
hoewel hij zijn naam niet heeft genoemd.
Hij zegt: 'Ik ben er' en 'Je weet wie ik ben'.
Hij neemt mij in bescherming omdat hij weet dat,
wanneer hij zijn naam zou noemen,
ik volledig overweldigd zou zijn.
De grond zou zich openen,
ik zou wegzinken in een diep, diep gat,
de aarde zou zich boven mij sluiten,
ik zou volledig van de wereld zijn weggevaagd.

Having no more questions

Doesn't make things easier

Perhaps the answers

Are more difficult to cope with

Na terugkomst uit Groningen zweef ik weken op roze wolken. Het gevoel wat overheerst na alles wat ik daar heb beleefd, valt niet te omschrijven, er zijn geen woorden voor. Hoe zou ik onder woorden kunnen brengen die onvoorwaardelijke liefde, de kracht, de weldaad, de ruimte en de rust die ik ook nu nog ervaar. Wanneer je zo'n ervaring niet zelf hebt beleefd, zul je nooit kunnen begrijpen waar het in wezen om gaat. De beelden, de woorden. Dat schitterende juweel, met paarse en gouden stralen, soms als een kiertje tussen de wolken door, dan weer uiteenspattend als een gigantisch vuurwerk. En de kracht: van mijn vingertoppen tot in mijn tenen, overweldigend. Maar vooral: het besef van volkomen één te zijn met God, het volledig opgenomen te zijn in die onvoorwaardelijke, onvergelijkbare liefde. God is geen werkelijkheid die we buiten onszelf moeten zoeken, nee, God is in ons, sterker nog: wij allen zijn God, ik ben God.

Ik begrijp nu ook dat dit de drie woorden moeten zijn geweest die Jezus tegen Thomas sprak in het Thomas evangelie. De woorden die Thomas met niemand mocht delen omdat ze anders zeker voor godslastering gestenigd zouden worden. Ongetwijfeld heeft hij Thomas onthuld dat ook hij, Thomas, God was. 'De Vader en ik, wij zijn één' zo verwoordde hij het zo mooi. Pas nu begrijp ik ten volle wat hij bedoelde!

Het doet me denken aan een artikel dat ik las kort voor ik naar Groningen ging, geschreven door de Italiaanse priester Luigi

Giusanni, katholiek van het jaar 2002. Het ging over het religieuze zintuig en de onontkoombaarheid voor de mens om zich hiermee bezig te houden. Hij stelt dat het religieuze zintuig aanwezig is als ons ik zich in bepaalde vragen uitdrukt zoals: 'Wat is de uiteindelijke betekenis van het bestaan?', 'Waarom het lijden, de dood?', 'Waarom is het leven de moeite waard?'. Of vanuit een andere hoek bekeken: 'Waaruit en waarom bestaat de werkelijkheid?'. Dat is het werkelijkheidsniveau van ons ik waarop het religieuze zintuig gesitueerd moet worden: het valt samen met deze radicale confrontatie van ons ik met het leven, die in deze vragen wordt uitgedrukt.

Deze vragen zijn diep in ons wezen verankerd, zo stelt Giusanni. Ze zijn onuitwisbaar omdat zij behoren tot de kern van ons menszijn. Ook Paulus spreekt over dit zoeken naar een antwoord op de diepste vragen die uit de bodem van ons wezen opwellen. Hij vergelijkt die vragen met de energie die heel de menselijke activiteit beheerst, haar provoceert, steunt en voortdurend vernieuwt. De energie die ik ook voelde tijdens het schrijven, de energie die ons allen verbindt en voortstuwt, de woe wei.

Alles wat de mens beweegt begint hier, komt voort uit deze energie, ontspringt aan en is afhankelijk van deze diepste, oorspronkelijke, volkomen mysterieuze bron. Het onuitputtelijke karakter van deze energie is structureel, dat wil zeggen: het hoort zozeer bij onze natuur, dat het er een wezenskenmerk van uitmaakt. En dan volgt in het artikel een prachtig gedicht, geschreven door Rilke, dat het definitieve karakter van deze energie uitdrukt:

Bedek mijn ogen, en nog ontwaar ik je,
maak mij doof, en ik hoor je stem;
en zonder voeten kan ik naar je toegaan,
en zonder stem, kan ik je toch aanroepen.
Breek mijn armen, en ik omhels je met mijn hart, als had ik handen;
doe mijn hart stilstaan, en mijn hoofd klopt verder;
verbrand je ook nog dat,
dan zal mijn bloed je ontvangen.

Deze tekst heb ik zo vaak gelezen! Ik vond en vind hem zo mooi! Het sluit naadloos aan bij hoe ik het, zeker nu, voel. Die volledige eenheid die niet te verbreken valt, die hoge trillingsfrequentie, de voortstuwende energie door je hele bloedbaan. Dan vervolgt Giusanni met een beschouwing over die mysterieuze bron, waaruit die voortstuwende energie voortkomt. Hij doet de suggestie deze bron voorlopig 'God' te noemen. En hij stelt dat alleen de hypothese van God, alleen de erkenning van dit mysterie als een bestaande realiteit die ons begripsvermogen te boven gaat, beantwoordt aan de oorspronkelijke structuur van de mens. Als de natuur van de mens onvermoeibaar op zoek is naar een antwoord; als zijn structuur dus uit die onweerstaanbare en onuitputtelijke vraagstelling bestaat, dan drukt men de vraag weg als men niet aanneemt dat er ook een antwoord bestaat. Tjonge, wat prachtig! Ik ben er stil van. Want zo is het toch! Juist doordat hij leeft, stelt de mens deze vraag, omdat zij de wortel vormt van zijn bewustzijn en werkelijkheid. En hij stelt haar niet alleen, maar beantwoordt haar ook door het 'uiteindelijke' te bevestigen: ook als hij maar vijf minuten leeft, bevestigt hij het bestaan van 'iets' waarvoor het de moeite waard is die vijf minuten ten diepste te leven. Zoals het oog dat zich opent en vormen en kleuren ontdekt, zo neemt het verstand dat in werking treedt iets 'uiteindelijks' waar, een laatste werkelijkheid waardoor alles bestaat; een laatste bestemming die alles zin geeft.

Niet eerder dan in dit artikel heb ik de essentie van het menselijk bestaan zo duidelijk weergegeven gezien. En ik heb het voorrecht gehad die laatste bestemming te mogen zien! Waar het mysterie voor de meeste mensen ondoorgrondelijk blijft en hij zijn hele leven, meestal tevergeefs, als een bedelaar op zoek gaat om het uiteindelijk toch te kunnen doorgronden, heb ik het mogen aanschouwen en voelen. De dankbaarheid die dit bij mij teweeg brengt is niet te beschrijven. En ik voel ineens een sterke behoefte om mijn studie weer op te pakken. Misschien is het toch de bedoeling dat ik iets ga doen in de kerk, moet ik mijn ervaring uitdragen.

Dus rijd ik, ondanks de fikse achterstand die ik door het schrijven van mijn boek heb opgelopen, trouw iedere week naar Enschede in een poging de draad weer op te pakken. Ik val met mijn neus in de boter: ik moet beginnen met mijn stage. Helaas niet in een hospice, zoals ik heel graag had gewild. Aan het eind van het leven komen immers die wezenlijke vragen naar boven waar Giusanni het over heeft. Maar in een kerk, een verplichting die vanuit de opleiding wordt opgelegd. Ondanks alle goede voornemens kost het me moeite. Ik kom er al snel achter dat ik hetgeen ik heb beleefd helemaal niet kán uitdragen. Nog afgezien van het absolute onvermogen om het in woorden te vatten, zou niemand het immers kunnen begrijpen. Bovendien spelen de emoties hoog op. Wanneer ik er alleen al aan denk dat ik het aan iemand zou moeten vertellen, snoert mijn keel dicht en voel ik tranen opkomen. Zo jammer! Het feit dat ik zo iets geweldigs heb meegemaakt en het niet kan delen, maakt dat ik me vreselijk kwetsbaar en eenzaam voel.

Bovendien is de studie zelf, door de stormachtige ontwikkeling die ik heb doorgemaakt, alleen maar meer nietszeggend geworden. Ik ervaar aan den lijve wat Hans Stolp ook noemt in zijn Jezus boek: de échte leer, leer je niet op de universiteit. Die leer je alleen door de weg naar binnen te gaan en ruimte te scheppen voor die allesomvattende energie om zijn werk te doen.

Ook de stage vind ik lastig. De vergaderingen van de kerkenraad duren veel te lang, leuke initiatieven van de goedbedoelende dominee worden klakkeloos aan de kant geschoven. Wanneer ik aan mijn stageopdracht begin: het organiseren van een cook en chat met jongeren, zakt de moed me helemaal in de schoenen. Hoewel ik de uitnodigingen persoonlijk langs breng en enthousiast vertel dat het vooral gaat om het gezellig samen koken en daarna wat nakletsen over het geloof, is de opkomst bedroevend laag. Bovendien blijkt een groot deel van de jongeren er alleen te zijn omdat ze door hun ouders zijn gestuurd.

Het staat allemaal in zo'n scherp contrast met mijn eigen ontwikkeling dat ik totaal ontmoedigd raak. Het verschil tussen de euforie over wat ik heb ervaren in de spirituele wereld en de onverschilligheid hier valt bijna niet te overbruggen. Ik beschrijf dit in de reflectieverslagen die ik maak voor mijn studiebegeleider. Maar óf hij leest er volledig overheen, óf hij weet niet goed wat hij ermee moet. In ieder geval reageert hij er niet op en dat terwijl gedurende de weken mijn geestelijke nood steeds groter wordt. Betekent dit dat ik toch afscheid moet nemen van mijn studie? Het heeft me wel tot hier gebracht. Maar na mijn heftige gidservaring kan ik mijn draai op de opleiding niet meer vinden. Het feit dat ik nog vakken als gemeenteopbouw en liturgie moet doen maakt dat de moed me steeds verder in de schoenen zakt.

Juist in deze periode komen er twee voor mij zeer betekenisvolle dromen langs. In de eerste rijd ik 's nachts in mijn auto. Het is rustig op de weg en ik ben tevreden. Het is onbewolkt en de maan is groot en vol. Heel de omgeving baadt in het prachtige maanlicht. Ik geniet. Dan zie ik een grote parkeerplaats. Het staat er vol met auto's. En ik zie mensen staan. Ze staan in de rij om een trap op te mogen. Het is een soort wenteltrap die omhoog leidt. De trap zelf staat ook vol met mensen. Maar ondanks dat het een behoorlijke menigte is die daar staat, is de sfeer heel plezierig. Iedereen wacht geduldig, zonder voor te dringen. Af en toe schuift de rij wat op. Ik kijk omhoog en zie dat de trap naar het licht van de maan leidt. En ik weet ineens heel zeker: daar wil ik ook naar toe. Dus parkeer ik mijn auto en sluit aan, achterin de rij. Het voelt daar goed. Iedereen weet wat hij wil en wacht geduldig. Ik maak me dan ook geen zorgen. Het mag misschien even duren, maar ik zal zeker ook op die trap komen en dan daarboven het licht binnengaan.

In de tweede rijd ik opnieuw in mijn auto, nu gewoon overdag tussen de weilanden. Het is heerlijk. Prachtig weer, de zon schijnt, ik voel de warmte op mijn gezicht. Ik geniet van het uitzicht, de weidse natuur om me heen. Ik kan ver weg kijken. Dan maakt de weg plotseling een scherpe bocht. En ineens ben ik middenin een drukke stad.

Een enorme kerktoren neemt al het licht van de zon weg en de sfeer is plotsklaps bedreigend. Het grijpt me naar de keel, mijn mooie gevoel is op slag weg. En de boodschap is duidelijk. Ik zal mijn geluk niet vinden in de kerk, daar vind ik niet de Jezus die ik heb leren kennen. Maar betekent dit nu ook dat het geen zin meer heeft om verder te gaan met mijn studie? Of dient dit wel degelijk nog een doel?

Ik bel Vincent en vraag hem of hij me wil helpen deze vraag beantwoord te krijgen. En zo rijd ik enige tijd later opnieuw naar Groningen. Gezien de gebeurtenissen van de vorige keer ben ik best gespannen. Zou het weer zo heftig zijn? Gelukkig heeft Vincent alle tijd en we praten eerst op ons gemak bij. Ik vertel wat ik precies kom doen. Dan gaan we in de meditatieruimte tegenover elkaar zitten. Mijn keel zit dicht van de spanning. Vincent knikt me bemoedigend toe.

"Nu, laten we maar eens kijken of zich iemand aandient", zegt hij zacht en hij sluit zijn ogen.

Ik volg zijn voorbeeld en concentreer me. Vincents aanwezigheid is duidelijk voelbaar en ik merk dat zijn krachtige energie zich vermengt met de mijne, en hoe we elkaar stimuleren en versterken. Ik kan er diep in wegzakken en het is of we samen in een onzichtbare cirkel zitten, als een tere zeepbel die ons omringt en waarin we door een oneindig paarse lucht zweven. Dan verbindt onverhoeds een nog veel sterkere energie zich met de onze. De zeepbel spat uit elkaar en we tuimelen naar beneden. Het voelt echter niet angstig want ik zie de mij al zo bekende paarse gloed en ik weet dat, mochten we neerkomen, de landing zacht zal zijn. Zo diep is mijn concentratie dat ik schrik van Vincents stem als hij plotseling zegt:

"Jezus is hier bij ons, Gerjo. Dat heb je natuurlijk al gemerkt. Als je wilt kunnen we hem iets vragen."

Mijn hart slaat een slag over. Als door een parachute wordt mijn val gebroken en ik zweef plotseling in het luchtledige. Ik ben eraan gewend geraakt Jezus' energie te voelen maar ben nog nooit echt met hem in gesprek gegaan. En honderd vragen tegelijk dienen zich aan.

Ik probeer me te focussen en iets te zeggen maar mijn stem laat me in de steek. Vincent bemerkt mijn verwarring en als vanzelfsprekend neemt hij het van me over.

"Gids van Gerjo", zegt hij zacht. "Wil je iets met ons delen?"

Een lange stilte valt. Ik hoor Vincents zware ademhaling terwijl ik de mijne juist inhoud. En weer schrik ik als Vincent begint te praten en woorden van Jezus aan mij doorgeeft:

'Dag Gerjo.
Wat goed dat je hier bent en
mij de kans geeft om met je te praten.
Je hebt een prachtige, zachte energie met heel veel liefde.
Het boek dat je hebt geschreven is
een prachtige bron van licht,
dat jouw licht en energie uitstraalt.
Je hebt me er recht mee gedaan, maar dat wist je al.
Je hebt mijn instemming immers gevoeld in je hart.'

Vincents stem stokt en weer is het een hele poos stil. Dan zegt hij dringend:

"Vraag iets, Gerjo."

Ik begrijp dat hij bang is het contact te verliezen en ik raap al mijn moed bij elkaar. Mijn stem trilt maar ik durf te vragen:

"Zeg me: waarom heb ik nu juist voor míjn ouders gekozen. Ik ben niet religieus opgevoed. Het heeft de weg zo eenzaam en voor mijn gevoel zo onnodig lang gemaakt."

Onmiddellijk is daar Vincents stem weer:

'Je hebt deze ouders heel bewust gekozen.
Wanneer je ouders heel kerkelijk waren geweest,
had je nooit deze intensiteit van licht ontdekt.
Je zou dan zijn opgegroeid in een traditie
die jouw zoektocht zou hebben verstoord.'

De waarheid van zijn woorden verbijsteren mij en even val ik stil.

"Wil je nog iets vragen, Gerjo?", dringt Vincent opnieuw aan.

Hij wil het contact kost wat kost vasthouden en weer overwin ik mijn schroom en zeg:

"Ik ben nu wel bezig met een studie die sterk verbonden is aan die traditie. Moet ik daar wel mee doorgaan? Ik twijfel daar best vaak aan de laatste tijd."

En Jezus wil kennelijk nog wel meer kwijt want Vincents stem komt vrijwel onmiddellijk:

'Je studie was nodig om je de nodige
achtergrondkennis te geven.
Op zich heeft het zijn doel bereikt
maar als je ermee verder gaat,
zal het je niet belemmeren in je spirituele groei.'

Zijn woorden sterven weg en ik merk aan Vincents houding dat dit het lijkt te zijn. Maar dan voel ik ineens een intense energie door me heen gaan en kristalhelder verschijnt in mijn hoofd:

'Ik zie dat je een kruisje draagt, Gerjo.
Het is beter wanneer je dit afdoet.
Je bent te zeer betrokken bij mijn lijden en
het kettinkje bepaalt je hier te veel bij.
Ik ben jouw meester en begeleider.
Ik houd van je en wil dat jij je gelukkig voelt.
Ik vind het geweldig dat jij je zo met mij verbonden voelt,
maar dat moet je kracht geven en geen energie kosten
omdat je zo met mij begaan bent.

Mijn lijden was dragelijk.
Ik leefde met een enorm en prachtig Godsbesef,
dat plaatste het lijden in perspectief.

Jouw begaan zijn met mijn lijden heeft alles te maken
met je eigen lijden zoals je dat beleeft in dit leven.
Je hebt een groot rechtvaardigheidsgevoel en
je lijdt onder al het onrecht dat je in deze wereld ziet.
Laat dit je leven echter niet beheersen.
Je moet dit leven leven,
hoe zwaar je het soms ook vindt
en hoe zeer je soms ook verlangt
naar de plaats waar ik nu ben.
Daarom moet je een ander sieraad zoeken,
dat beter bij mij past.'

Hij laat zien welk sieraad hij in gedachten heeft. Het moet een amethist zijn, fonkelend facet geslepen en gezet in een stralende, stervormige setting. Ik herken hem hier inderdaad in en ik knik dat ik zijn advies zal opvolgen.

Dan neemt hij afscheid van me. Langzaam trekt hij zich terug en aan mijn parachute daal ik weer uit die paarse wolk naar beneden. Ik voel me geweldig! De hele sfeer van liefde en aandacht, het besef dat Jezus mij zo goed kent en begrijpt.

"Rijd je wel voorzichtig!", lacht Vincent als ik wat later mijn jas aantrek. "Niet teveel met je hoofd in de wolken, begrepen!"

Ik beloof dat ik voorzichtig zal zijn en trek de deur achter me dicht. Even haal ik diep adem. Dan zoek de sluiting van mijn kettinkje en doe het, zoals Jezus heeft gezegd, af. Het kruisje rust in mijn hand. Het is vreemd om het niet meer te dragen aangezien ik het al een tijd dag en nacht uit volle overtuiging om heb gehad. Even ben ik besluiteloos. Dan stop ik het in mijn broekzak.

Ik loop naar mijn auto, stap in en rijd terug naar huis. Ik voel me goed, de healing heeft me goed gedaan. En ik besluit voorlopig door te gaan met mijn studie. Een definitieve beslissing kan ik altijd nog nemen niet waar.

I wish the world was flat

So I could walk to the edge

And jump off

Straight into Your arms

Weer zweef ik enkele weken op wolken. Ik bezoek iedere juwelier in de stad op zoek naar het sieraad dat Jezus me heeft laten zien. Zonder resultaat tot ik op internet zoek. En ik vind het! Weliswaar niet exact zoals ik het heb gezien omdat de amethist niet facet is geslepen. Maar verder: de kleur, donkerpaars als Jezus' energie, de setting in een stralenkrans, als het hart van de zon, hét symbool voor Christus dus het is helemaal goed. Ik bestel het en enkele dagen later heb ik het in mijn bezit. Het wordt mijn favoriete sieraad.

Wat echter niet goed voelt is het scherpe contrast wat ik nog steeds ervaar met mijn studie. Ik ben me er steeds meer van bewust dat ik toch echt een keuze moet gaan maken. Het maakt me verdrietig en ik kan niet goed beredeneren waarom. Is het verdriet om Jezus? Voel ik soms hetzelfde verdriet dat hij voelde? Was ik daar tijdens zijn leven, is het concreet verdriet om zijn lijden? Of gaat het om alles wat er daarna is gebeurd en waar ik in de studie zo tegenaan loop. Woorden, holle frasen. We dreunen mee wat in eeuwen vervormd is geraakt. Zijn boodschap: verloren geraakt achter deze frasen. Zijn offer: vertekend. Na het schrijven van mijn boek weet ik het zo zeker: de Jezus die ons door de traditie wordt aangereikt heeft weinig te maken met wie hij werkelijk was. Politieke macht, het klein houden van het volk, geldelijk gewin, dat zijn belangrijke factoren die hierin een rol hebben gespeeld.

Ooit tijdens een lezing liet de dominee die het praatje hield een icoon van Jezus zien. De icoon was gedurende de jaren behoorlijk beschadigd geraakt.

"Kijk", zei hij. "Net als deze icoon, is ook ons beeld van Jezus beschadigd. Vind je ook niet dat hij ons een beetje verdrietig als door een venster aankijkt? En als wij langs dat venster lopen, wat voelen we dan? Voelen we ons schuldig of beschaamd misschien? Of halen we onverschillig onze schouders op en lopen we door, doen we liever alsof we hem niet zien."

Zijn woorden ontroerden me omdat ze zo appelleerden aan hoe ik ernaar kijk. Later sprak ik hem erover.

"Weet u", zei ik. "Ik denk dat als wij langs dat venster lopen, Jezus vast wel naar ons zal glimlachen. Denkt u ook niet?"

Toch maf dat we ons op dat moment bijna samenzweerders voelden in een tijd waarin je mag verwachten dat meer mensen er zo over denken. Maar zelfs binnen de opleiding krijg ik het nooit zo te horen. Neem bijvoorbeeld maar weer eens mijn docent Nieuwe Testament. Hij heeft nog nooit van het Aquarius evangelie gehoord en toont niet de minste interesse voor mijn boek. Voor mij onvoorstelbaar. Een student uit jouw klas, die een boek schrijft over Jezus. Hoe kun je dat als docent Nieuwe Testament níet lezen! Ooit stelde hij op een tentamen de vraag: 'Wat bedoelt Jezus met eeuwig leven'. Mijn antwoord rekende hij fout. Toen ik de opmerking maakte dat hij beter had kunnen vragen: 'Wat denk ik dat Jezus bedoelde met eeuwig leven' was hij duidelijk 'not amused'.

En ik voel me steeds vaker een buitenbeentje in deze maatschappij. Niet alleen bij mijn studie, maar ook in het dagelijks leven. Ik observeer alles als vanaf de zijlijn en verbaas me over waar mensen zich zoal druk om maken. Zo vaak gaat het alleen om geld of materiële zaken, alles lijkt zo onbeduidend en oppervlakkig. Steeds vaker ervaar ik een schrijnende heimwee naar wat ik in Groningen heb beleefd, zo sterk dat het soms letterlijk pijn doet in mijn lijf. De kloof tussen de onvoorwaardelijke liefde van de geestelijke wereld en de wereld hier wordt steeds groter en het lijkt of alles om me heen vervlakt.

Het voorjaar dient zich aan en de prunus in de tuin bloeit uitbundig met prachtige roze bloesem. Maar het raakt me niet. Ik registreer het als een camera. Ik zie wel dat het mooi is, maar echt binnenkomen doet het niet. Niets kan meer tippen aan de onvoorwaardelijke liefde die ik daar heb gevoeld. Alles, letterlijk alles valt erbij in het niet. Zelfs de liefde die mensen voor elkaar kunnen voelen zie ik nu anders. Ik besef dat die zelden onvoorwaardelijk is, dat er meer sprake is van 'what's in it for me' dan dat je werkelijk alles voor die ander over hebt, zoals ik daar wel heb mogen ervaren. Misschien is dat wel het meest overweldigende: die werkelijk onvoorwaardelijke liefde, zo mooi, zo mooi! En misschien is dat ook het meest ontwrichtende: het diepe besef dat mensen daar nooit, maar dan ook nooit toe in staat zullen zijn. Het maakt me zo verdrietig, dit besef.

Door meditatie probeer ik contact te krijgen met de spirituele wereld om weer even te kunnen genieten van dat allesoverheersende gevoel. Maar het lukt slechts zelden en het gevoel blijft een fractie van het gevoel toen. Na een poosje stop ik er dan ook mee, aangezien het toch alleen maar teleurstelling brengt. Bovendien ben ik bang dat het op een dag wel zal lukken in die overweldigende paarse oceaan terecht te komen. Ik weet zeker dat ik er dan onmiddellijk voor zal kiezen om nooit meer terug te keren. Wie wil er nog op aarde leven als je eenmaal daar bent geweest?

Ik denk dat ik in deze periode voor het eerst heb bedacht dat wanneer ik zelfmoord zou plegen, ik vanzelf zou terugkeren naar de geestelijke wereld, dat dat waarschijnlijk de meest eenvoudige manier is om weer opgenomen te worden in die sfeer van onvoorwaardelijke liefde en genegenheid die hier op aarde gewoon niet bestaat. Het enige wat ik moet doen is verzinnen hoe.

Van een hoge flat afspringen valt af. Ik heb hoogtevrees en weet zeker dat ik dat nooit zal durven. Mezelf verhangen of verdrinken komt ook erg luguber over. Nee, ook daarvoor kan ik de moed vast niet opbrengen. Men zegt wel eens dat zelfmoord plegen een zwaktebod is, en laf. Nu ik zelf met het idee rondloop besef ik hoe veel moed ervoor nodig is om het ook daadwerkelijk te doen.

Wat wel zou kunnen is in bad mijn polsen doorsnijden. Ik denk dat ik dat wel zou durven en het schijnt een vrij zachte dood te zijn. Maar wel erg gruwelijk voor degene die je vindt. Ook een optie: met mijn mp3-oortjes in op het spoor gaan staan. Keihard luisteren naar het Lacrimosa uit het Requiem van Mozart tot die fatale klap die over het algemeen meteen tot de dood leidt. Best een goed plan, maar wel zielig voor de machinist.

Ik herinner me een interview met een machinist bij Pauw en Witteman. De arme man liep al jaren in de ziektewet omdat hij in de loop van de tijd maar liefst acht mensen voor zijn trein had gehad. Nee, dat wil ik iemand niet aandoen.

Medicijnen dan. Dat lijkt eenvoudig maar is het volgens mij niet. Je moet ze eerst onopvallend zien te verzamelen, daar gaat de nodige tijd overheen. En als je het doet, blijft het afwachten of het wel afdoende is. Zul je zien dat ze me net op tijd vinden en mijn maag leegpompen. Wat lijkt me dat erg. Denk je dat het eindelijk is gelukt, kom je er in het ziekenhuis achter dat je terug bent bij af!

Maar als ik na een studieavond vanuit Enschede terugrijd naar huis en er komt me een enorme vrachtwagen tegemoet, weet ik het ineens! Waarom niet in volle vaart daar tegenaan rijden! Gelukkig heb ik nog net het benul dat het voor de chauffeur in kwestie niet zo'n leuke ervaring zal zijn. Dat weerhoudt me ervan mijn stuur om te gooien. Beter is het, bedenk ik, om een geschikte boom uit te zoeken. Eentje die dicht langs de weg staat, met niet te veel obstakels erom heen zodat je goed vaart kan maken. Mijn auto heeft geen airbag dus als ik zo'n 160 kilometer per uur zou kunnen halen, zou dat afdoende moeten zijn. Bovendien is dat voor de achterblijvers ook beter te verkroppen. Kennelijk onwel geworden achter het stuur, een tragisch ongeval … In de weken daarna ga ik op zoek naar die boom maar hij is, achteraf gezien gelukkig maar, niet zo eenvoudig te vinden.

Het idee blijft echter door mijn kop spoken en ik krijg allerlei gezondheidsklachten. Zo ben ik chronisch moe, komt er geen werk meer uit mijn handen en huil ik om niets. Ik typ op internet alle symptomen in die ik bij mezelf herken en verschillende medische sites geven aan dat ik wel eens een burn-out of depressie zou kunnen hebben. Te hard gewerkt, te weinig rust genomen. Aangezien ik het afgelopen jaar bijna dag en nacht aan mijn boek heb gewerkt, lijkt dit zeer aannemelijk. Opgelucht leg ik de oorzaak daar dan ook neer. Dat mijn spirituele ervaring wel eens de voornaamste reden zou kunnen zijn, druk ik weg. Bovendien is het nog steeds moeilijk om hier met wie dan ook over te praten. Hoe zou bijvoorbeeld mijn huisarts mij hierin ooit serieus kunnen nemen? Liever geef ik het intensieve schrijven de schuld van alles. Ik moet het gewoon even rustig aandoen, dan komt het vanzelf weer goed.

Maar wanneer ik op een dag op mijn werk zonder enige aanleiding ineens begin te huilen, kan ik me niet meer verschuilen. Mijn werkgever stuurt me naar huis met de opdracht om zo snel mogelijk bij mijn huisarts langs te gaan. Als ik deze vertel dat ik de boom waartegen ik me te barsten wil rijden inmiddels heb uitgezocht, sta ik voor ik het weet met een flinke voorraad pillen weer op straat.

The memory hurts

The longing is almost unbearable

The horizon is in view

But moves away when I try to reach it

Nooit geweten wat zo'n gewenning aan anti-depressiva met je doet. Zo zit ik nu al een week op de bank te kijken naar het hekje van mijn buurvrouw dat kleppert. Het kleinste zuchtje wind zet het al in beweging. Open, dicht, open, dicht. En iedere keer: klep, klep, klep. Hoewel de gedachte in mij opkomt om naar buiten te gaan en het vast te zetten, doe ik het niet. Ik kijk ernaar. Nu dus al meer dan een week. Net als naar de patatzak van de cafetaria op de hoek die al enkele dagen over straat zwiert: heen en terug, heen en terug. Soms rijdt er een auto overheen. Maar op de een of andere manier blijft hij maar zwieren, heen en terug, heen en terug.

Dit gedrag, zo doelloos zitten, past eigenlijk helemaal niet bij mij. Toch komt er nu al een hele tijd niets uit mijn handen. Ik zit en kijk en ondertussen stapelt de was zich op, wordt het huis steeds smoezeliger en groeit het onkruid tussen de tegels in de tuin. En dat allemaal door die stomme medicijnen die mijn huisarts me heeft voorgeschreven. Soms vraag ik me af waarom ik zo dom ben geweest om dat te zeggen van die boom. Want ik wil die pillen helemaal niet slikken. Bovendien hebben ze, tot nu toe tenminste, mijn heimwee niet weggenomen. Het blijft maar pijn doen, zo'n pijn. Ik durf niet meer te mediteren uit angst voor dat gevoel van verlangen, angst dat het me weer tot zelfmoordgedachten zal aanzetten. Misschien dat ik daarom zo apathisch op de bank blijf zitten, liever de veilige weg kies dan de confrontatie aan te gaan. En de huisarts heeft gezegd dat het een paar weken kan duren voor de medicijnen effect sorteren. Dus slik ik ze toch maar trouw en neem ik, voorlopig althans, alle nadelen op de koop toe. Zo heb ik veel last van bijwerkingen. Ik ben zo duizelig dat ik de hele dag loop te tollen op mijn benen. Mijn zus, die niets van de situatie begrijpt, brengt me liefdevol met de auto naar de supermarkt waar ik alleen overeind blijf door me vast te klampen aan het karretje. Daarnaast heb ik constant hoofdpijn en verander in een seksloos wezen. Tegelijkertijd zijn die bijwerkingen mijn redding. Ondanks mijn apathie prikkelen ze me om te denken: dit wil ik niet, dit past niet bij me en dit gaat me niet helpen. En diep in mijn hart weet ik natuurlijk best dat ik niet depressief ben, maar dat er iets heel anders aan de hand is, al kan ik niet precies benoemen wat.

Duidelijkheid krijg ik door een programma dat ik op een avond op televisie zie. Het is een interview met Pim van Lommel, naar aanleiding van zijn boek 'Eindeloos bewustzijn'. Van Lommel is van oorsprong cardioloog. In zijn jarenlange praktijk heeft hij veel te maken gehad met hartstilstanden. Het viel hem op dat patiënten die voor de dood werden weggehaald, regelmatig wonderlijke verhalen vertelden. Verhalen over een tunnel met licht aan het eind, over overleden familieleden die ze hadden ontmoet, hoe ze zichzelf op de operatietafel hadden zien liggen. De verhalen intrigeerden hem en hij besloot een gestructureerd onderzoek naar deze bijna-dood-ervaringen te starten. Gedurende enkele jaren werd het opgenomen in de procedure van de verpleegkundigen om mensen actief te bevragen op dit onderwerp. Doordat de verhalen serieus werden genomen, durfden patiënten veel opener te vertellen dan toen er nog niet actief naar werd gevraagd en de bijna-dood-ervaring bleek veel vaker voor te komen dan verwacht. Opvallend waren ook de overeenkomsten in de verschillende verhalen. Pim noemt een aantal voorbeelden. Gefascineerd luister ik ernaar en gaandeweg zijn verhaal valt mijn mond open van verbazing. Want wat hij benoemt is bijna exact wat ik tijdens de gidsencursus heb beleefd! Het gevoel van uit je lichaam in een totaal andere dimensie te zijn, het licht, de kleuren en vooral: die onvoorwaardelijke liefde. Hij noemt het allemaal en ik voel tranen prikken. Hoe is het mogelijk! Daar zit een wetenschapper die mij zomaar serieus neemt! En de climax van het interview, althans voor mij, moet nog komen. Want even later vertelt Pim dat ook mensen die niet bijna-dood zijn geweest, een bijna-dood-ervaring kunnen beleven, bijvoorbeeld tijdens meditatie, maar soms zelfs zonder enige duidelijke oorzaak. Verbijsterd staar ik naar de tv. Langzaam dringt het tot me door dat ik in Groningen een bijna-dood-ervaring heb gehad! Niet 'alleen maar' een heftige meditatieve ervaring van iemand die een beetje onbezonnen in het spirituele doolhof is gestapt. Nee, het feit dat mijn ervaring mij zo uit mijn evenwicht heeft gebracht, ligt niet aan mij, aan mijn onvermogen om hiermee om te gaan, maar aan het ontwrichtende karakter van de ervaring zelf, iets wat Pim in zijn boek niet alleen prachtig heeft beschreven, maar ook wetenschappelijk heeft weten te onderbouwen.

Schoorvoetend laat ik vanaf dat moment mijn BDE weer toe in mijn leven. Nu ik eindelijk weet wat er aan de hand is, durf ik zelfs af en toe te mediteren en vertrouwende op Jezus, die mij vast zal helpen om hier doorheen te komen, stop ik met het innemen van de medicijnen. Zonder overleg met mijn huisarts overigens. Want zo moedig ben ik nou ook weer niet dat ik mijn bijna-dood-ervaring met hem durf te delen.

Het duurt meer dan een half jaar voor ik weer een beetje normaal kan functioneren. Maar in deze periode hak ik wel knopen door. Ik besef dat ik keuzes moet maken. Want wat is nu echt belangrijk in mijn leven? Hoe kan ik mijn leven zo inrichten dat het weer de moeite waard voelt om te leven? Heel moeilijk is dat verrassend genoeg niet. Het allerbelangrijkste zijn natuurlijk mijn kinderen. Ik wil meer tijd met hen doorbrengen. Ze hebben er al genoeg onder geleden dat ik het laatste jaar alleen maar aan dat, in hun ogen, stomme boek heb gewerkt. Ook wil ik weer muziek gaan maken. Deze hobby staat sinds ik ziek ben wel op een heel laag pitje.

In de tussentijd stuurt mijn studiebegeleider me een mailtje. Wanneer kom je weer studeren? Grappig: ik heb bij al mijn overwegingen mijn studie nog helemaal niet heb meegenomen. Het brengt me kort aan het twijfelen. Maar Jezus zegt:

'Volg je hart'
en
'In je hart heb je het besluit immers al genomen'

Ik houd van hem! Want hij heeft gelijk. In mijn hart heb ik mijn besluit al lang genomen: ik wil immers meer tijd voor mezelf en mijn kinderen? Dat kan alleen door minder te gaan werken, mijn hobby's weer op te pakken en mijn hart te volgen en dus mijn lidmaatschap van de kerk op te zeggen en te stoppen met mijn studie. Ik wil geen pastoraal werkster worden binnen een instituut dat staat voor iets waarin ik me niet meer kan vinden en ik ambieer ook geen andere functie binnen die kerk. En ik kan altijd nog als vrijwilliger in een hospice gaan werken, niet waar. Al deze stappen zullen me de ruimte geven om dat te doen wat ik werkelijk wil. Dat is ook energie stoppen in mijn verbondenheid met Jezus en kijken of ik weer kan schrijven.

Waar de keuzes op zich makkelijk waren, is dat niet het geval met het zetten van de noodzakelijke stappen. Het instituut kerk doet natuurlijk veel goeds, vooral op diaconaal gebied en ik ben me ervan bewust dat ik mezelf zal isoleren. Ik zal het samen vieren missen. Er is toch iets wat je bindt, nog afgezien van de eeuwenoude traditie waarin ook ik sta en waarin de kerk voor wat betreft het doorgeven van de boodschap van Jezus, hoe vervormd misschien ook, toch de belangrijkste rol heeft gespeeld. Maar ik voel me sterker verbonden met Jezus zelf dan met het logge instituut dat in zijn naam is opgericht. Ik kies voor de mens die ik heb leren kennen en die mijn gids is in deze hectische wereld. Hijzelf durfde tijdens zijn leven te kiezen tegen het logge instituut dat de tempel was geworden. Als hij dat durfde, moet ik het ook durven. Misschien betekent het een eenzame weg, onzekerheden. Maar ook: een vervulling zoals ik die niet eerder kende en een enorme uitdaging. Hij koos, ik kies nu ook: voor hem! Enige verbondenheid met mijn studiegroep is er al lang niet meer. Ook in die groep ben ik altijd een eenling geweest. Dat maakt de keus wel makkelijker.

Ik stuur mijn studiebegeleider een uitgebreide brief waarin ik mijn beslissing zo goed mogelijk toelicht. Hij toont zich zeer verbaasd. En dat terwijl hij het hele proces via mijn supervisieverslagen van dichtbij heeft kunnen volgen. Kennelijk heeft hij het allemaal niet goed kunnen inschatten. De toon die hij aanslaat in zijn reactie doet me pijn. Ik had op meer begrip gehoopt. Maar klaarblijkelijk is de teleurstelling omdat ik afhaak groter dan met mij blij te zijn dat ik mijn weg heb gevonden. Ach, het zij zo.

Nu de nodige besluiten zijn genomen, is mijn eerste verantwoordelijkheid niet weer in een gat te vallen. Ik besef heel goed dat het zwaard van Damocles boven mijn hoofd hangt aangezien ik toch vrij onverantwoord ben gestopt met mijn medicijnen. En de studie heeft altijd veel van mijn tijd gevuld. Zaak is om nu de draad weer op te pakken zodat ik niet in de verleiding kom om toch weer te gaan piekeren en opnieuw te vervallen in mijn heimwee. Daarom ga ik vol goede moed weer parttime aan het werk en neem ik in de avonduren mijn manuscript kritisch onder de loep. De uitgever heeft aangegeven dat ik het levendiger moet maken en gedreven ga ik aan de slag. Het geeft me de kans om flinke stukken te herschrijven, daarbij de ervaringen die ik inmiddels heb opgedaan verwerkend. Waar mijn eerste versie eindigt met Jezus' dood, voeg ik nu een beschrijving toe van de magnifieke bevrijding van de Christusgeest. Een paars vuurwerk moet het zijn met een bezieling die iedereen raakt. En het belangrijkste voor mij: tonen dat Jezus' kruisiging niet zinloos was. Zijn dood had zin. Door zijn leven te geven heeft hij ons het prachtige geschenk van de Heilige Geest, van Christus gegeven. En het is deze Geest, deze energie die ons leidt en die er uiteindelijk voor zal zorgen dat we de goede kant opgaan!

Perhaps we're not afraid

For all the bad things that could happen to us

But for the overwhelming love that lies within

And that we have failed to trust on

Op een dag heb ik mijn boek zo maar in handen. Het is prachtig geworden! 'De spirituele Jezus', dat is de titel die de uitgever eraan heeft gegeven. Op het omslag voert de kleur paars de boventoon, de kleur van mijn lieve gids die mij tot hier heeft gebracht. Ontroerd blader ik het door. En ik dank God voor dit schitterende geschenk. Ik begrijp nog steeds niet waarom juist mij de inspiratie is gegeven om zo'n prachtig portret van Jezus te mogen componeren. Een beeld wat volgens mij zoveel dichterbij de echte Jezus komt dan vele andere geschriften die er over hem zijn verschenen.

Mijn auteursexemplaren stuur ik naar enkele vrienden van wie ik weet dat ze het verhaal op waarde zullen weten te schatten. Al snel krijg ik een mailtje van een van hen, Jeroen Kromkamp. Hij was ooit leraar op de school van mijn dochter. Maar toen hij conflicten in de klas probeerde op te lossen met meditatieoefeningen kwam er veel kritiek van ouders, waardoor zijn positie onhoudbaar werd. Kennelijk is het onderwijs nog niet klaar voor spirituele impulsen. Jeroen blijkt zijn draai nu wel te hebben gevonden. In zijn mail vertelt hij dat hij cursussen geeft in een spiritueel centrum. Binnenkort houden ze open huis en hij nodigt me uit om langs te komen. Dat lijkt me wel wat dus stap ik op de betreffende dag op mijn fiets. In het centrum heerst een gezellige drukte. Het open huis heeft veel mensen getrokken. Zoekend kijk ik om me heen in de hoop Jeroen te ontdekken. Zonder resultaat.

Gelukkig komt er een vrouw naar me toe. Ze lacht vriendelijk en steekt haar hand uit.

"Hallo! Ik ben Marion. Ik zag je zo kijken. Kan ik je misschien helpen?"

Ik schud haar hand.

"Wie weet. Ik ben op zoek naar Jeroen Kromkamp. Is hij er?"

Marion knikt bevestigend.

"Ja hoor. Maar op dit moment zit hij in een van de workshops. Dat duurt nog een minuut of tien. Wacht, ik zal je een programmaboekje geven."

Ze reikt me een brochure aan.

"Kijk maar wat je aanspreekt en of je ergens aan wilt deelnemen. En als je vragen hebt kom je gewoon naar me toe, oké?"

Ik bedank haar en zoek een vrije stoel om het boekje door te kijken. Er staat van alles in. Readings, healings, meditatieve momenten. Ik weet niet zo goed wat ik ermee moet. Eigenlijk kwam ik alleen voor Jeroen. Opeens is het vol in de gang. De workshops zijn kennelijk afgelopen want van alle kanten stromen mensen toe. Tot mijn opluchting zie ik nu ook de grijze lokken van Jeroen. Ik baan me een weg naar hem toe en tik hem op de schouder.

"Hoi Jeroen, wat een drukte zeg!"

Hij draait zich om en ik zie dat hij het leuk vindt dat ik er ben.

"Hé Gerjo. Ja, het is zeker druk! Loop anders even mee, ik weet wel een plekje waar we even kunnen praten."

Hij gaat me voor naar een klein keukentje. Hier zijn ook mensen in de weer, maar vergeleken bij de drukke gang is het er wel rustiger. Jeroen begint meteen tegen me te praten.

"Joh, ik heb je boek al uit. Ik vond het prachtig, werkelijk waar. Vooral dat hoofdstuk over het klooster in Qumran. Heb ik je ooit verteld dat ik in die tijd verbonden was met de Essenen? Hoe precies weet ik nog niet. Misschien was ik ook wel zo'n monnik in een witte pij. Zal mooi hebben gestaan bij mijn grijze haar, ha, ha!"

Ik schiet in de lach. Ja, ik zie hem wel voor me in zo'n gewaad!

"En jij Gerjo, weet jij al iets over je leven toen? Want als ik het boek zo lees dan kan het niet anders of jij moet daar ook zijn geweest in die tijd. Wat denk je zelf?"

Ik aarzel. Ja, het voelt wel of ik erbij was toen. Maar echt weten doe ik het niet.

"Ik weet niet ... Misschien was ik er, misschien ook niet. Ik sta wel sterk in verbinding met Jezus maar dat kan natuurlijk ook later zijn ontstaan."

"Wil je het weten?", vraagt Jeroen. "Ik zou een reading kunnen doen."

Zijn suggestie overvalt me. Wil ik wel weten of ik daar was en vooral: wat mijn rol was? Misschien heb ik hem juist toen het erop aan kwam ook wel laten vallen, zoals zoveel zogenaamde vrienden rondom hem. Misschien heb ik ook op dat plein staan schreeuwen: 'Kruisigt hem!' en ben ik daarom zo betrokken bij zijn lijden, uit een soort van misplaatst schuldgevoel. Jeroen ziet mijn verwarring. Geruststellend legt hij een hand op mijn schouder.

"Ja, best spannend. Maar het kan ook heel verhelderend zijn. Denk er anders even over na. Dan pak ik in de tussentijd een kop koffie."

Ik knik maar het voelt heel slecht. Tegelijkertijd besef ik dat dit ook een kans is en dat ik ervoor zou kunnen kiezen de confrontatie aan te gaan. Jeroen komt terug met twee mokken.

"Jij wilt vast ook wel", zegt hij en overhandigt me er één.

In stilte drinken we koffie. Dan klinkt er een bel.

"Oh, de tweede ronde begint", schrikt Jeroen en snel leegt hij zijn mok .

"En, weet je het al wat je wilt?", vraagt hij. "Anders ga ik op zoek naar een andere liefhebber."

Ik aarzel kort. Maar dan zeg ik, een beetje tot mijn eigen verbazing:

"Nou, vooruit maar. Met jou durf ik het wel aan."

Jeroen glimlacht bemoedigend. In een kleine kamer aan het eind van de gang gaan we tegenover elkaar zitten. Jeroen sluit zijn ogen en concentreert zich.

"Ja, ik zie al wat", zegt hij na een kort ogenblik. "Ik zie je als ... boerin of zo ergens in Frankrijk ... Je leeft daar armoedig en een beetje in eenzaamheid … er wordt weinig gesproken … Zo te zien heb je niet echt een gesprekspartner. Misschien ben je weduwe … Het is vooral een leven van hard werken en overleven."

Hij wacht even en ik vraag zacht:

"En als je verder teruggaat in de tijd? Kan dat?"

"We gaan het proberen …", knikt Jeroen en weer is het een poosje stil.

Dan zegt hij:

"Ja, ik ben nu veel verder terug. Niet schrikken, maar volgens mij zijn we nu in de tijd van Jezus."

Mijn keel snoert dicht van spanning.

"Wat zie je?", weet ik met moeite uit te brengen.

"Een ruimte met … zuilen", beschrijft Jeroen. "Romeins, zo ziet het er uit. Ja, dit moet de tijd van Jezus zijn, zo voelt het wel. En …"

Zijn stem stokt. Even is het stil. Dan vraagt hij dringend:

"Droom je wel eens Gerjo, ik bedoel, nare dromen. Dat je pijn hebt of zo, dat iemand je pijn wil doen?"

Verbaasd antwoord ik:

"Nee, eigenlijk nooit. Hoezo?"

Het blijft lang stil. Dan zegt Jeroen en in zijn stem klinkt een grote ontzetting door:

"Ik kan het niet precies beschrijven maar het voelt…"

Weer stokt zijn stem en ik zie dat een hevige emotie hem overmant. Oh jee! Wat ziet hij allemaal? Daar is zijn stem weer:

"Sorry Gerjo, dat ik even niet verder kon. Maar het voelt heel verschrikkelijk als ik jou daar zo tussen die zuilen zie staan. Ik weet niet precies wat er aan de hand is maar ik voel wel dat je daar iets vreselijks hebt meegemaakt. Het lijkt of je … terecht staat of zo. En het heeft met Jezus te maken. Oh, dit voelt echt heel slecht. Ik voel ook een blokkade hier", hij wijst naar zijn keel "alsof … je keel zit dichtgesnoerd … Ken je dat gevoel?"

Ik knik verbijsterd. Ik herken wat hij beschrijft als het gevoel dat ik had bij de healing met Vincent. En ook nu voel ik het, al is het wel in mindere mate. Ik zie dat Jeroen probeert zich nog sterker te concentreren en dan volgt er een stortvloed van woorden:

"Ik begrijp het al, Gerjo. Je hebt het opgenomen voor iemand die heel omstreden was en dat is je niet in dank afgenomen. Je bent er destijds zwaar voor gestraft. En doordat je toen zo zwaar gestraft bent … tot aan de dood toe lijkt het, durf je in dit leven niet goed voor jezelf op te komen. Je bent veel te bang dat het zich weer tegen je zal keren. Daarom houd je liever je mond dan dat je eerlijk voor je mening durft uit te komen. Maar daar moet je overheen zien te komen, want je hebt een verhaal te vertellen. En je stond aan de goede kant, dat is heel duidelijk. Heel veel volgelingen van Jezus zijn in de weken na zijn dood opgepakt, gemarteld en vermoord en het lijkt erop dat dit ook met jou is gebeurd ... maar je stond aan de goede kant hoor, dat voel ik heel duidelijk."

Hij opent zijn ogen en geroerd kijken we elkaar aan. Het is dus gelukkig niet wat ik dacht! Ik heb hem niet laten vallen, ik heb niet mee gejoeld: 'Kruisigt hem!'. Integendeel zelfs! Zoals Jeroen het nu heeft gezien, ben ik na zijn dood opgepakt omdat ik een volgeling was en heb ik juist tot het einde toe voor hem getuigd. Ik kan niet beschrijven wat dit inzicht voor mij betekent. Het lijkt wel of ik vrijer kan ademen, of ik tien kilo lichter ben geworden. Ik lach en Jeroen staat op.

"Nou, goed dat we dit gedaan hebben, of niet!", grijnst hij en we stappen de gang weer op.

Daar schudt hij mijn hand.

"Laat nog eens weten hoe het me je gaat", zegt hij vriendelijk en met een zwaai van zijn arm duikt hij een andere ruimte in om een volgende workshop te leiden.

Zelf loop ik naar de foldertafel en pak een aantal brochures om thuis te bekijken. Dan fiets ik opgelucht naar huis. Ik voel me bevrijd.

I used thousands of words

To find out

That there are no words

For what I want to tell

Nu mijn boek officieel is verschenen, toont de pers interesse. Zo word ik benaderd door Omroep Gelderland voor een interview in het spirituele radioprogramma Tendens. Journalist Rinus van Warven die het programma presenteert, belt me persoonlijk om een afspraak te maken. Ik ken hem niet en om me voor te bereiden zoek ik op internet naar informatie. Rinus blijkt dominee te zijn, oeps ... iemand die met zekerheid meer van het onderwerp weet dan ik dus. En: Rinus is ook bestuurslid van Stichting Merkawah. Deze stichting brengt mensen met een bijna-dood-ervaring bij elkaar. Ze geeft een blad uit en organiseert bijeenkomsten. Waarom Rinus hierbij betrokken is? Omdat hij zelf een bijna-dood-ervaring heeft gehad, lees ik. Nou ja zeg! Hoe is het mogelijk dat juist hij mij heeft benaderd! Ineens weet ik niet meer zo zeker of ik wel blij ben dat hij op mijn pad is gekomen. In mijn boek beschrijf ik immers tot drie keer toe een bijna-dood-ervaring, waaronder die van mijzelf. Ik mag toch hopen dat hij hierover geen vragen gaat stellen! Want ook al zijn we inmiddels flink wat verder in de tijd, het raakt me nog steeds zo dat ik zeker weet dat ik emotioneel zal worden wanneer hij hierover zou beginnen. Met gemengde gevoelens rijd ik dan ook enige dagen later naar de studio. Veel te vroeg kom ik aan.

"Rinus? Nee, die is er nog niet", zegt de receptioniste. "U mag wel even plaatsnemen. En pak gerust iets te drinken."

Ik haal een kop thee, blader wat tijdschriften door. Dan staat

Rinus voor me. Lang leve internet: ik herken hem onmiddellijk. Geanimeerd maken we kennis. We hebben wel een klik, wat mijn angst dat hij misschien over die bijna-dood-ervaring zal beginnen niet wegneemt. Integendeel: de sfeer is zo vertrouwd dat het eerder uitnodigt om het er wel over te hebben!

Rinus stelt me voor aan de technicus en het interview begint. Via mijn jeugd in een socialistisch gezin en wat bespiegelingen over linkse christelijke politiek komt het gesprek op mijn boek. Rinus maakt het me niet erg moeilijk en genoeglijk babbelen we een uur vol zonder over Jezus' eenzaamheid en heimwee te hebben gesproken en gelukkig ook zonder dat de bijna-dood-ervaringen ter sprake komen.

Als ik terugrijd naar huis bedenk ik dat Rinus zelf het misschien ook wel moeilijk vindt om erover te praten. Hij weet natuurlijk niet dat ik een ervaringsdeskundige ben, tenminste dat denk ik. En het is natuurlijk prettiger om je ervaring te delen met iemand die weet waarover je het hebt. Maar ja, dan moet je dat wel van elkaar weten! Een voorzichtig gevoel bekruipt me dat ik misschien toch ook teleurgesteld ben dat hij er níet over is begonnen. Het had een opening kunnen forceren. Het wegdrukken met antidepressiva is niet gelukt, het integreren in mijn leven lukt ook niet echt. Erover praten lijkt de enige manier om het een plek te geven. Maar daar ben ik nog lang niet aan toe, merk ik. Ik ben veel te bang dat het me uit mijn broze evenwicht zal brengen.

Toch laat het idee dat ik misschien met Rinus over mijn bijna-doodervaring zou kunnen spreken me niet los. Het kan dan ook geen toeval zijn dat ik een half jaar later een mailtje van hem krijg. Hij nodigt me uit een ontmoetingsdag van Stichting Merkawah bij te wonen. Het thema is het onvermogen van de reguliere gezondheidszorg om mensen met een BDE adequaat te begeleiden. Dit spreekt me aan. Zowel voor als na mijn BDE heb ik gesprekken gevoerd met verschillende psychologen. Al snel had ik door dat spiritualiteit door hen nogal meewarig wordt bekeken. Erg jammer en in mijn ogen een ernstige hiaat in de opleiding psychologie. In deze wereld waarin spiritualiteit een steeds grotere rol speelt, kan een vakgebied als psychologie dit niet zo maar laten liggen. En niet alleen de psychologen, ook mijn huisarts heeft mij niet goed geholpen. Dat lag natuurlijk ook aan mij. Maar hij had op zijn minst kunnen proberen beter te doorgronden wat er met me aan de hand was. Hij kent me al zo lang en had kunnen inschatten dat een depressie niet bij mij past. Waarom Rinus mij voor deze bijeenkomst uitnodigt blijft vooralsnog een raadsel. Uit de mail komt duidelijk naar voren dat de dag eigenlijk alleen is bedoeld voor leden van de stichting en dat ben ik niet. Maar het komt wel op een goed moment. Mijn heimwee speelt me de laatste tijd weer behoorlijk parten en ik voel me zo langzamerhand uitgeblust van alle pogingen om alles bij elkaar te brengen. Zelfs zo dat ik af en toe weer denk: was ik maar dood. Ik móet dus iets ondernemen. En wellicht zijn er op de bijeenkomst lotgenoten aanwezig die me kunnen laten zien hoe zij hun BDE een plaats hebben gegeven in hun leven. Het feit dat Pim van Lommel een lezing komt geven trekt me over de streep. Ik geef me op en stap de week erna in de trein.

Ik ben de ruimte waar de bijeenkomst wordt gehouden nog maar net binnengestapt of ik word aangesproken door een wat oudere vrouw. Ze stelt zich voor en vertelt zonder schroom over haar BDE. Ik verbaas me over het gemak waarmee ze haar ervaring deelt en ben blij dat ze niet vraagt naar mijn beleving. Ik weet dat ik dat nog steeds niet kan delen en het feit dat ik niet bijna-dood ben geweest maakt me ook wat onzeker. Maar het doet me wel goed hier zoveel lotgenoten te zien. Vooral omdat veel mensen die vertellen over hun BDE toch ook emotioneel worden. Zo herkenbaar! Pim van Lommel is geweldig en integer aanwezig. Wat een verademing dat hij het zo serieus neemt. Eindelijk erkenning voor de problemen waar BDE'ers mee kampen, waarbij het praten over die ervaring niet alleen voor mij een enorm obstakel blijkt. De huisarts die na Pim een bijdrage aan het programma levert, stelt dan ook voor om dit te oefenen, om in tweetallen elkaar over je BDE te vertellen.

"Kies gewoon degene die naast je zit", zegt hij. "En stel je op zoals jij benaderd zou willen worden wanneer jij over jouw BDE zou vertellen."

De schrik slaat me om het hart. Shit! Nu word ik voor het blok gezet om zomaar over mijn BDE te praten terwijl ik dat echt niet kan zonder emotioneel te worden. En dat gebeurt dan ook. Vrijwel meteen nadat mijn buurvrouw en ik tegenover elkaar zitten moet ik huilen en eigenlijk heb ik alleen maar gehuild. Gelukkig blijkt mijn gesprekspartner een therapeute die helemaal niet opkijkt van mijn tranen.

"Hoe lang is het geleden?", vraagt ze.

Ik geef aan: "Vijf jaar."

"Oh, maar dat is heel erg kort!", zegt ze bemoedigend. "Er zijn mensen die na 20 jaar nog niet over hun BDE durven te spreken."

Ik lach mijn tranen weg en hoop dat het feit dat ik het toch met haar heb durven delen drempelverlagend zal werken om het in de toekomst wellicht nog eens te doen. En ik vraag haar naar haar BDE. Tot mijn verrassing lijkt haar verhaal erg op het mijne. Ook zij is niet bijna-dood geweest, ook bij haar ging het om een spirituele inzichtservaring. Wat heerlijk, de erkenning dat zo'n ervaring als een volwaardige BDE kan worden gezien! In de pauze tref ik Rinus.

"Waarom heb je me eigenlijk uitgenodigd?", vraag ik.

Hij haalt zijn schouders op.

"Misschien intuïtie ...", lacht hij.

Na de pauze volgt een levendige discussie. Aan de orde wordt gesteld of de BDE opgenomen zou moeten worden in de lijst van psychische aandoeningen. De meningen zijn verdeeld. Aan de ene kant geeft het de BDE wel 'cachet' en word je misschien eerder serieus genomen. Aan de andere kant krijg je wel het etiket 'patiënt' opgeplakt en willen we dat? BDE'ers zijn immers geen patiënten, al is de inschatting dat een groot percentage van mensen die in de psychiatrie zijn opgenomen een BDE heeft gehad.

Tot een echte conclusie komt het niet. Wel wordt aangegeven dat op dit moment BDE'ers het best geholpen kunnen worden in het alternatieve circuit, bijvoorbeeld door een regressie- of reïncarnatie therapeut. Deze nemen het verschijnsel serieus en kunnen vaak veel doen om heimweegevoelens te verlichten. Doodmoe van alle indrukken maar wel voldaan kom ik ´s avonds thuis. Wat een emotionele maar prachtige dag! Ik stuur Pim van Lommel een mail om hem te bedanken en krijg binnen een dag bericht terug. Hij steekt me een hart onder de riem door aan te geven dat de term ´BDE´, zoals tijdens de bijeenkomst is gebleken, lang niet altijd toereikend is. Hij moedigt me aan door te zetten en vooral ook hulp te zoeken. Ik ben blij met zijn lieve steun en neem zijn raad ter harte. Ik ga op zoek naar iemand die me kan helpen mijn BDE eindelijk écht een plekje te geven. Ik diep de foldertjes die ik tijdens de open dag van Jeroen heb meegenomen, op uit de la van mijn bureau en ontdek verrast dat Marion, de vrouw die me zo vriendelijk ontving, een praktijk voor regressie- en reïncarnatietherapie heeft. Naast het maken van een horoscoop, biedt ze een spirituele reis naar de geestelijke wereld aan, waar je de wijzen van de Raad kunt ontmoeten die al je vragen kunnen beantwoorden.

Ik voel een kriebelende spanning in mijn lijf. Zou zij mij kunnen helpen om nogmaals zo'n overweldigende ervaring te beleven? En als ik de wijzen alles kan vragen, dan kunnen zij mij vast ook vertellen waarom ik me zo met Jezus verbonden voel en waarom ik zoveel verdriet ervaar wanneer ik aan hem denk. Het is aantrekkelijk maar tegelijkertijd ook beangstigend. Zal ik niet weer in tranen zijn wanneer ik Marion probeer te vertellen over mijn BDE? Ik durf dan ook niet te bellen, maar stuur een mailtje waarin ik alles openhartig vertel. De volgende dag al heb ik antwoord terug. Ze wil me graag ontmoeten en vraagt om mijn geboortegegevens voor het maken van de horoscoop. We maken een afspraak en gespannen fiets ik op de afgesproken dag naar haar praktijk.

Like a bystander

I look at the world

And I know

I will never really belong

"Hoi Gerjo, kom binnen", zegt Marion vriendelijk en ze gaat me voor naar haar kamer. "Ga zitten. Ik pak even mijn aantekeningen"

Ik knik en terwijl Marion haar spullen haalt, kijk ik rond. Echt een kamer van een reïncarnatietherapeut, vind ik. Donkerrood behang met langs het plafond een strook met sterren, manen en zonnetjes. Een poster met de tekens van de dierenriem, op tafel wierookstokjes en in de vensterbank een mooie collectie edelstenen. Ook amethist, zie ik. Daar is Marion al terug. Ze gaat zitten en zegt:

"Grappig dat je via de open dag hier terecht bent gekomen. Eerlijk gezegd trok je toen al mijn aandacht. Ik kan namelijk aura's zien. En het viel me op dat jouw aura hier" ze wijst naar haar middel "zo'n beetje ophoudt. Je bent dus erg slecht geaard. Daarom is het goed dat je me die mail hebt gestuurd. Ik denk wel dat ik je kan helpen. Je bent gevoelig en je hebt natuurlijk al het nodige meegemaakt. Eerst met de visioenen die je had tijdens het schrijven van je boek en daarna je BDE."

"Nou, visioenen", zwak ik haar taalgebruik af. "Ik noem het liever beelden. Visioenen klinkt zo … hoogdravend."

"Toch zou ik het visioenen noemen", glimlacht Marion. "Dat maakt het voor jou beter te begrijpen waar het probleem zit. Het is namelijk erg stormachtig gegaan en dat heeft je overweldigd. Ook toen ik je horoscoop maakte werd mij veel duidelijk. Daaruit komt namelijk helder naar voren dat je liever niet wilde incarneren."

Ze laat me haar bevindingen zien, een voor mij ingewikkeld

patroon van cirkels en lijnen op papier.

"Maar … het is toch zo dat je er zelf voor kiest om terug te gaan?", vraag ik verbaasd. "Zo heb ik het tenminste altijd begrepen."

"Nou, het is niet zo dat je helemaal tegen je zin wordt weggestuurd", lacht Marion. "Maar soms heeft iemand een zetje nodig, zal ik maar zeggen. Dat was bij jou ook het geval."

"Goh …", zeg ik verwonderd en ik laat haar woorden bezinken.

Voelde ik me daarom als kind al niet op mijn plek in deze wereld? En ook in mijn depressieve periode wilde ik natuurlijk veel liever terug waardoor die zelfmoordgedachten er ineens waren.

"Herken je er iets in?", vraagt Marion belangstellend.

Ik knik en zeg: "Jazeker herken ik het!"

En ineens herinner ik me twee dromen die ik als kind had en die telkens terugkeerden. Wanneer zo'n droom zich aandiende wist ik precies hoe ze zou verlopen: ze was immers altijd hetzelfde. In de eerste droom ga ik naar de Efteling. De ingang ligt aan de andere kant van een groot grasveld. Links staan auto's geparkeerd. Wanneer ik dat grasveld zie weet ik al: oh, dit is mijn Efteling droom.

Ik steek het veld over en ga door een soort draaihekje het park in. En dan heb ik een vreemde gewaarwording. Hoewel ik weet dat ik in de Efteling ben, herken ik het niet. Het is niet zoals ik me herinner. De attracties zijn anders en staan op een andere plek dan waar ik ze verwacht. En eigenlijk wil ik veel liever naar het prachtige groene weiland dat te zien is achter de afrastering die het park omgeeft. Ik volg de afrastering in de hoop een hekje te ontdekken om zo bij dat heerlijke, weidse weiland te komen. Het groen lonkt maar nergens vind ik een plek om door die afrastering te komen. Mijn teleurstelling is groot en met dit gevoel eindigt de droom.

De tweede droom. Nu ben ik in een zwemparadijs. Het is er heerlijk warm. De zon schijnt door de grote ronde koepel die zich ver boven mijn hoofd uitstrekt. Overal zie ik vrolijke mensen die zich prima vermaken. Maar ik wil eruit. Ik zoek de uitgang, maar vind hem niet. Ik zie wel een trap die omhoog leidt naar een soort looppad dat rondom langs de binnenkant van de koepel loopt. Ik loop de trap op en volg het pad. Maar omdat de koepel rond is kom ik telkens op dezelfde plek terug zonder een uitgang te hebben gevonden. Ik word onrustig en die mooie plek voelt ineens bedreigend. Ik wil eruit, maar dit lijkt niet te kunnen. Hier eindigt ook deze droom.

Pas nu begrijp ik dat zowel de Efteling als dat zwemparadijs symbool staan voor deze wereld waarin ik me nooit helemaal thuis heb gevoeld en waar ik eigenlijk niet wil zijn. Ik deel mijn gevoel met Marion en ze knikt begrijpend. En ze vraagt me om terug te gaan naar een punt in mijn leven waarop ik dit gevoel nog niet had, waarop het allemaal nog goed was. Ik graaf in mijn geheugen, maar dat punt vind ik niet. Zolang ik me kan herinneren draag ik dit al met me mee: dat ik een vreemde ben in deze wereld, een toeschouwer die het allemaal vanaf de zijlijn bekijkt en die geen behoefte heeft aan het spel mee te doen. Soms lijkt het zelfs of ik als een vlinder in een cocon leef, een soort glazen privé huisje om me heen van waaruit ik alles observeer zonder er echt aan deel te nemen.

"Je kunt je vast wel een situatie herinneren, waarin je dit gevoel heel sterk had", zegt Marion. "Probeer die eens te beschrijven."

Daar hoef ik niet lang over na te denken. Een poosje terug nam ik vanuit mijn werk deel aan een teambuilding. Gezellig met collega's een clinic mountainbiken volgen. Aangezien ik fysiek nogal onhandig ben een ware beproeving. Bovendien blijken de anderen vreselijk sportief te zijn. Hoezo buitenstaander? Op dat moment voelde ik me een verschrikkelijke buitenstaander. Ik beschrijf het beeld voor Marion, hoe ik daar sta met die mountain-bike aan de hand, de spanning in mijn lijf.

"Goed, je ziet jezelf zo staan", herhaalt Marion mijn woorden. "Probeer nu eens na te gaan voor hoeveel procent je jezelf daar nu ook echt aanwezig voelt, op die plek. Dus je staat daar, met die fiets aan de hand. Maar voor hoeveel procent bén je er ook echt?"

Ik hoef er niet over na te denken.

"Voor 40 procent", geef ik aan.

"40 procent??", herhaalt Marion verbaasd. "Dat is erg weinig. De meeste mensen die problemen hebben met aarden, geven zo'n 70 procent aan. Dat betekent dat jij wel heel slecht geïncarneerd bent.

Geen wonder dat je het vaak zo moeilijk vindt hier. Maar daar kunnen we iets aan doen. Ga maar eens liggen, daar op de bank. En stel je voor dat je in je huis op een plek zit waar je je echt op je gemak voelt."

Ook daar hoef ik niet lang over na te denken. Dat is in de huiskamer, op de bank.

"Kun je vanaf die plek de deur zien?", vraagt Marion.

Ik knik. Ja, de deur is tegenover de bank.

"Concentreer je nu sterk op die deur", geeft Marion aan. "Dan tel ik terug van vijf naar één. En bij één gaat de deur open en komt er iemand binnen die erg belangrijk voor je is."

Ze begint langzaam af te tellen. Al voor ze bij één is zie ik een oogverblindend licht door de kieren van de deur. Als de deur opengaat is het licht zo fel dat ik er absoluut geen persoon in kan herkennen. Toch weet ik wie dit is.

"Je kent diegene wel hè", zegt Marion. "Je weet wie het is. Als je wilt mag je de naam noemen, maar dit hoeft niet."

Niet uit onwil of zo, maar meer omdat ik eerst móet koesteren wat ik zie, noem ik geen naam maar geniet en geniet van het mij omringende en doordringende licht. Het licht van Jezus, dat is zo zeker voor mij.

"Wat zie je?", vraagt Marion en ik probeer dat prachtige licht te beschrijven, wat natuurlijk niet lukt omdat het onbeschrijfelijk is.

"Nu, adem het maar diep in, dat schitterende licht", raadt Marion aan. "Het zal je vullen met energie en jouw 40 procent aanvullen."

Ik volg haar aanwijzing op en een krachtige energie doorstroomt me. Het tintelt vanaf mijn kruin tot in mijn tenen en het herinnert me onmiddellijk aan de energie die ik voelde tijdens mijn BDE. Het raakt me diep en voor ik het weet huil ik. Het komt uit mijn tenen en het doet me zo goed! Wat heb ik het toch gemist, dit gevoel en wat is het goed om eindelijk weer eens vol van energie te zijn. Wat heb ik me de laatste tijd dan toch slecht gevoeld en moe, altijd maar moe. Ik geef me helemaal over aan het verdriet dat ik meedraag: de kloof tussen deze wereld en de wereld waarnaar ik verlang, de kou en het onrecht dat zo in tegenstelling is met hetgeen ik vanuit mijn herinnering ken. Marion laat me rustig begaan. Pas na een hele poos zegt ze glimlachend: "Nou, nou, dat zat diep!"

Ik boen mijn wangen droog en knik.

"Weet je", vervolgt Marion begripvol. "Je hebt het veel te veel weggedrukt. Dat houd je nooit vol. Maar ja, je moet natuurlijk wel eerst dit punt bereiken voor je kunt begrijpen waar het allemaal vandaan komt. Kijk: volgens aardse begrippen heb je alles wat je je maar kunt wensen: prachtige kinderen, een leuke baan. Dus heb je geen reden om verdrietig of ongelukkig te zijn. Dat maakt dat je je ook nog eens schuldig voelt. Daarom stop je het weg, in plaats van de oorzaak te achterhalen. "

Ze legt liefdevol een deken over me heen en ik bedenk hoe goed het is dat ik deze stap heb gezet! Er zijn er dus toch hulpverleners die weten en begrijpen waar het om gaat!

"De volgende keer zouden we een reis naar de geestelijke wereld kunnen maken" stelt Marion voor. "Je hebt vast wel vragen voor de wijzen. En als je wilt kun je de bibliotheek bezoeken. Daar staan de boeken waarin je kunt lezen wat er in eerdere levens is gebeurd."

Dat idee prikkelt me. Misschien kom ik zo wel meer te weten over mijn leven in de tijd van Jezus! We maken een nieuwe afspraak en nagenietend van wat ik heb beleefd fiets ik terug naar huis.

Ik ben en blijf natuurlijk een schrijfster. En een beelddenker. Dus op een avond moet ik het beschrijven: hoe mijn ziel op de drempel heeft staan twijfelen: zal ik wel … zal ik niet ... Het kan in een paar zinnen:

"Maar ik wil helemaal niet terug" stribbelde de ziel tegen.
De wijze glimlachte
"Toch zul je moeten" sprak hij mild. "Je wilt toch verder groeien?
Nu, dat kan alleen als je eerst deze les afrondt."
"Maar het is hier zo mooi" verzuchtte de ziel. "Zo mooi …"
Met zachte dwang begeleidde de wijze haar naar de poort.
"Ga nu maar" zei hij. "En succes hè."
Weifelend bleef de ziel op de drempel staan.
Nog een keer keek ze om.
Toen zuchtte ze diep, sloot haar ogen en sprong …

I'm glad the world is round

Wherever I go

I will always return

To you

Na een paar weken is het tijd voor mijn volgende afspraak met Marion. Net als de vorige keer praten we eerst bij. Daarna installeer ik me opnieuw op de bank en Marion voert me terug naar mijn jeugd, naar het plein van de kleuterschool waar ik zo hoog schommel dat ik over de muur in de tuinen van de nabijgelegen huizen kan kijken. Vervolgens nog verder terug tot in de baarmoeder van mijn lieve moeder die, zo krijg ik mee, toch een beetje ongerust is of het allemaal wel zal lukken met nog een kindje erbij. Dan val ik ineens in een ander leven.

Ik kijk om me heen en het landschap is anders dan ik gewend ben. Frans, zo voelt het. Misschien is dit wel het leven dat Jeroen ook zag. Glooiende heuvels omringen me, in de verte zie ik een dorpje. Daar woon ik, weet ik en ik loop een smal, slingerend weggetje af. Aan de rand van het dorp wacht een kleine zwarte hond me op. Het is niet mijn hond, maar hij kent me wel en vrolijk blaffend om me heen dartelend vergezelt hij me naar een klein huisje.

"Woon je daar alleen?", vraagt Marion en ik knik.

Ja, ik woon daar alleen maar ik heb er niet altijd alleen gewoond. Ik loop door een kale kamer met schamel meubilair naar de achterdeur en zie als in een herinnering een man staan. Het is mijn vader en hij schoffelt de groentetuin. Na zijn dood ben ik ongetrouwd en zonder kinderen in dat huisje blijven wonen. Een beetje eenzaam, zoals Jeroen het al beschreef.

"Waar leef je van?", vraagt Marion en ik zie mezelf achter een grote wastobbe, mijn armen tot aan de ellebogen in het sop.

Wasvrouw, geen verkeerd beroep en met die leuke hond die me gezelschap houdt best vol te houden. Marion leidt me nu naar het moment dat ik in dat leven overlijd. Ze doet dit heel zorgvuldig om te onderzoeken of dit wellicht op een vervelende manier is gebeurd. Maar zo voelt het voor mij niet, integendeel zelfs. Ik word heel rustig van binnen en weet zeker dat ik gewoon, zonder pijn of verdriet, in bed ben ingeslapen. Misschien een hartstilstand of zo. Geen vervelende toestanden in ieder geval. En het overschrijden van de grens tussen leven en dood is bepaald spectaculair! Het voelt of ik word opgetild en van het ene moment op het andere laat ik de aarde achter me en vlieg ik met een enorme vaart door een grijze wolkenmassa terwijl mijn gids mijn hand vasthoudt.

"Welke kleur heeft de energie van je gids?", vraagt Marion en ik geef aan: paars.

"Oh bijzonder", reageert Marion oprecht. "Dan is het een heel hoge gids!"

Haar reactie verbaast me niet. Natuurlijk is Jezus een hoge gids! Ook dit keer omstraalt zijn paarse licht me en in vertrouwen laat ik me meevoeren. Het voelt geweldig om zo te vliegen, de gewichtloosheid, de snelheid. Als een achtbaan op de kermis, op het moment dat je vanaf het hoogste punt naar beneden stort. Alleen duurt dat maar even, en dit duurt voor mijn gevoel heerlijk lang. Hoger en hoger vliegen we door die grijze wolken zonder de beperking van een lichaam dat niet mee wil.

Dan zie ik ineens de toegangspoort naar de geestelijke wereld voor me. Groot en rond doemt ze op uit de wolken en als ik eronder door ga zie ik dat de binnenkant is bezet met honderden flonkerende edelstenen. In vervoering kijk ik ernaar, zo geweldig ziet het eruit.

"Deze plek ken je, niet waar", zegt Marion.

Ik knik. Ja, deze plek ken ik inderdaad, deze prachtige poort heb ik al eens eerder gezien. Ik kan er echter niet lang van genieten want we gaan erdoor en Marion vraagt:

"Waar wil je het eerst naartoe?"

"Naar de bibliotheek", beslis ik en mijn gids neemt mij mee naar een enorm gebouw, hoog en imposant met misschien wel vier meter hoge deuren.

Het is gemaakt van een soort marmer en het is prachtig! Vol ontzag kijk ik ernaar op. Dan duw ik met enige moeite een van de zware deuren open en stap naar binnen. De ruimte die ik binnentreed is qua afmeting niet te benoemen en staat van de vloer tot aan het plafond vol met boeken. Enorme boekenkasten rijzen op langs onmetelijke wanden die zeker acht meter hoog zijn maar waarschijnlijk nóg hoger. Mijn mond valt open van verbazing. Overal waar ik kijk zie ik boeken, boeken en nog eens boeken. Her en der staan ladders. Die zijn ook wel nodig om bij de bovenste planken te kunnen komen! Ik beschrijf het beeld aan Marion en maak de opmerking hoe ik in die enorme ruimte in vredesnaam mijn schamele boekjes moet vinden.

"Vraag de bibliothecaris anders om hulp", oppert Marion maar ik constateer dat deze er niet is.

De ruimte is, afgezien van al die enorme boekenkasten, leeg. In het midden staat wel een prachtige lange tafel van een soort donker massief eikenhout waaraan je zou kunnen gaan zitten om te lezen. Maar verder strekt een soort van plavuizen vloer zich eindeloos en eenzaam uit.

"En je gids?", vraagt Marion. "Misschien kan hij je helpen."

Maar mijn gids is bij de deur blijven staan en maakt geen enkele aanstalten om naar binnen te komen. Kennelijk moet ik het alleen uitzoeken. Aarzelend loop ik de ruimte verder in. Dan, het klinkt misschien raar, voel ik opeens duidelijk welke kast ik moet hebben. Weloverwogen loop ik erop toe. Eén boek met name trekt mijn aandacht. Het is vrij dik en lijkt te roepen: 'pak mij, pak mij!'.

"Hoeveel boeken zijn er van jou?", informeert Marion.

"Zo te zien maar één", geef ik aan.

"Dat is vreemd", zegt Marion verbaasd. "Weet je het zeker?"

Ik knik en vastbesloten pak ik het boek uit de kast. Nieuwsgierig sla ik het open. Wat zal er allemaal wel niet instaan! Maar, hé ... dat is raar! De bladzijden zijn leeg! Ik laat de vellen langs mijn duim ritselen maar op geen enkele pagina staat ook maar iets te lezen. Hmm, vreemd. Wat heeft dat nou weer te betekenen! Teleurgesteld zet ik het terug op zijn plek. Hier zal ik dus geen antwoord vinden op mijn vragen. Dan maar naar de wijzen besluit ik en ik ben al onderweg, weer samen met mijn gids die mijn hand stevig vasthoudt en in een oogwenk zijn we er.

De ruimte waar de wijzen zetelen is zo mogelijk nog imposanter dan de bibliotheek. Groot en ook weer heel hoog. Het plafond, als dat er al is, is niet te zien. Langs de wanden zie ik slanke, hoge gewelven als van een kathedraal, met een soort lichtblauw glas-in-lood, maar dan veel, veel mooier, waar het licht prachtig gefilterd doorheen schijnt waardoor de hele zaal in een zachte, blauwe gloed baadt. Halverwege de ruimte zie ik enkele figuren staan. Ik zie ze slechts vaag omdat de zaal zo groot is en ze dus nog ver weg zijn. Beschroomd loop ik verder, mijn gids schuin achter mij, tot ik uiteindelijk vlakbij de gedaantes ben. Het zijn er zes, nee zeven en ze staan in een soort halve cirkel, de middelste waarvan ik voel dat hij de belangrijkste is, iets meer naar voren.

"Zie je de wijzen al?", vraagt Marion. "Wat voor kleding dragen ze?"

Ik beschrijf wat ik zie.

"Een soort pijen, zoals monniken, maar dan veel mooier, van een veel verfijndere stof, wit met een prachtige rode voering van een soort glimmend satijn die je kunt zien bij de wijde mouwen en in de lange puntige kappen die ze op hun hoofd dragen. En de belangrijkste, de middelste draagt nog een soort rode sjerp, zo schuin van zijn schouder naar zijn heup."

Die kappen zitten me eigenlijk een beetje dwars want daardoor kan ik hun gezichten niet echt onderscheiden. Behalve van de leider, zijn ogen kan ik zien en die zijn niet te beschrijven.

"Niet te vergelijken met wat ook hier op aarde, zeker", merkt Marion op en ik knik ademloos.

Als diamanten, fonkelend. Dat komt nog het dichtst in de buurt.

"Neem ze maar goed in je op, die ogen", glimlacht Marion. "Daar zul je veel aan hebben wanneer je hier later aan terugdenkt. En misschien wil je hem iets vragen?"

Ik knik maar dan gebeurt er iets vreemds. Mijn gids, die al die tijd bescheiden schuin achter me heeft gestaan, komt naar voren en gaat tussen mij en de leraar staan. Het krachtige paarse licht dat hem omstraalt, ontneemt me het zicht op de wijzen en Marion moet me te hulp schieten.

"Zeg maar dat hij aan de kant moet gaan", zegt ze. "We onderzoeken straks wel waarom hij dit heeft gedaan."

Ik volg haar aanwijzing op en ja, mijn gids neemt zijn plaats schuin achter mij weer in waardoor ik mijn aandacht weer op de leraren kan richten.

"Vraag maar iets", moedigt Marion me aan en ik zeg:

"Waarom voelt het zo verdrietig wanneer ik aan Jezus denk? Is het zijn eigen verdriet wat ik voel, of heeft het misschien te maken met mijn verdriet om zijn dood? Zijn kruisiging voelt nog steeds zo onrechtvaardig voor mij."

De wijze glimlacht mild. Dan antwoordt hij, en zijn stem klinkt als een orgel, harmonieus, krachtig maar tegelijkertijd zacht:

"Het verdriet dat jij om Jezus ziet hangen, is in feite je eigen verdriet. Je hebt in de levens hiervoor al heel wat spirituele stappen gezet. Toen je in dit leven kwam, droeg je de herinnering aan deze wereld dan ook sterk in je. Dat kan leiden tot verdriet, een ondefinieerbaar verlangen naar deze wereld waardoor je het moeilijk vindt je plekje te vinden in het aardse leven. Ieder mens doorloopt een spirituele ontwikkeling. Daarbij kom je in verschillende fases van trilling, energetische trillingen met elk hun eigen kleur, waarvan de paarse trilling de hoogste is. Jij bent nu in deze paarse trilling terechtgekomen. De dogma's en vastgeroeste denkbeelden uit de blauwe trilling heb je grotendeels achter je gelaten. Hierdoor ben je erg ontvankelijk geworden voor contact met deze wereld, zoals je hebt gemerkt. Tegelijkertijd ben je nog erg met de stoffelijke wereld bezig. Dat is logisch, ook gezien het feit dat je een druk gezin met jonge kinderen hebt. Tot nu toe zijn het dan ook meer 'uitstapjes' die je maakt naar deze wereld, terwijl je eigenlijk zou moeten proberen de stoffelijke en geestelijke wereld meer te integreren in je leven. De trilling kun je voelen, ook wanneer je met stoffelijke zaken bezig bent. Probeer je dat de komende tijd maar eens eigen te maken, dan zul je je wat minder verloren voelen."

Ik knik en vraag:

"Mag ik Jezus daarbij om hulp vragen? Hij kan me hier vast goed bij helpen."

De wijze wacht even. Dan antwoordt hij:

"Ik begrijp dat Jezus erg belangrijk voor je is. Maar nu je in de paarse trilling bent beland, ben je eraan toe het volgende te leren. Hiermee klap ik misschien een beetje uit de school, maar de Jezus zoals we die kennen uit de Bijbel, heeft in die zin nooit bestaan. Kijk: door de hele geschiedenis heen zijn er mensen geweest die sterk in contact stonden met onze wereld en die wij onze lessen in de mond hebben gelegd. Ook in de heilige boeken zijn dit soort constructies gebruikt. Voor mensen is het makkelijker te begrijpen wanneer iemand als Jezus onze lessen uitspreekt dan wanneer we het abstracter zouden houden. Helaas zijn de Bijbelschrijvers een beetje op de loop gegaan met het verhaal. Vervolgens komen veel mensen niet meer los van het door hen geschetste beeld. Je moet spiritueel ook heel wat in je mars hebben om die stap te durven zetten. Jij bent er nu aan toe die stap te maken. Je hebt al heel wat stappen gezet. Maar je hebt je nog niet helemaal losgemaakt van alle voorgeschoven beelden, van de Bijbelse kijk op Jezus. Daarom denk ik dat het goed is dat je weet dat Jezus in de vorm waarin men hem heeft beschreven nooit heeft geleefd. Vind je het schokkend om dit te horen?"

Ik aarzel kort. Dan schud ik mijn hoofd.

"Nee ... ik heb dit wel eerder gehoord en gelezen en de mogelijkheid dat het zo zou kunnen zijn vaak overdacht, het ook als een reële optie erkend. Maar ik heb wel zijn stem gehoord. Of ... moet ik daar anders naar kijken?"

De wijze lacht opnieuw.

"Ja, daar moet je inderdaad anders naar kijken. Het komt namelijk niet vaak voor dat Jezus rechtstreeks tot mensen spreekt. Je hebt dan ook vooral je eigen innerlijke stem gehoord. Je zoekt buiten jezelf wat in feite in jezelf zit. Je beschrijft het in je boek: zoek de weg naar binnen. Maar zelf heb je dat niet altijd in praktijk gebracht. Dat wil ook het boek met de lege bladzijden in de bibliotheek zeggen. Zo lang je het buiten jezelf blijft zoeken, zul je het niet vinden. Geen boek waarin het antwoord staat. Kijk, ik begrijp heel goed dat de figuur Jezus belangrijk voor je is, zoals hij voor zoveel mensen belangrijk is. Maar zoals je zonet zag, vormt hij ook een barrière om verder te groeien. Daarom moet je het Bijbelse beeld van hem nu echt gaan loslaten om daadwerkelijk de trillingen die wij vanuit deze wereld naar je toezenden te kunnen voelen. Je hebt die trillingen al best vaak gevoeld, de kracht ervan ken je. Maar tegelijkertijd ben je het vermogen om ze te voelen, juist door je focus op Jezus, weer kwijtgeraakt. Het punt is dat ik Jezus niet uit jouw gedachten kan bannen. Ik mag niet door jouw gedachten, door jouw barrières heen breken. Die vrijheid heb alleen jijzelf. Jijzelf moet de poort naar ons openzetten en openhouden."

Even ben ik uit het veld geslagen. Dan vraag ik een beetje timide:

"Maar ... hoe kan ik die poort openzetten? Hoe kan een mens dat bereiken, in de stoffelijke wereld de trilling vast te houden?"

"Probeer je denken uit te schakelen", legt de wijze uit. "Wanneer je teveel in je hoofd zit en te weinig in je gevoel, blokkeer je de poort. Oefen daarom in het leegmaken van je gedachten. Jij kunt dat. Het is je al een paar keer gelukt. Dus zet die laatste stap. Wij trekken ons nu wat meer terug. We bewijzen je namelijk geen dienst wanneer we je aan de hand blijven houden. Maar weet dat we er op de achtergrond altijd zijn om je te steunen. En je hebt een goede gids. Niet veel mensen kunnen zeggen dat ze de échte Jezus als gids hebben, ook al zit hij je af en toe behoorlijk in de weg."

Hij knikt vriendelijk naar me en zet dan een stap naar achteren. Even voel ik me ontredderd. Maar dan komt mijn gids naast me staan. En ik voel iets heel merkwaardigs, een soort van geestelijk contact tussen mijn gids en de wijze waaruit ik begrijp dat mijn gids zijn excuses aanbiedt aan de Raad. Ik verwoord het en Marion, die al die tijd stil terzijde heeft gezeten zegt vol respect:

"Wat bijzonder, Gerjo! Dit is ethisch echt heel hoogstaand!"

Ik knik ontroerd. Ja, ik heb een heel bijzondere gids en helemaal alleen sta ik er dus ook weer niet voor.

"Kom", stelt Marion voor. "Laten we teruggaan. Je bent vast moe. En we moeten nog even napraten. Maar neem je tijd. Er is zoveel gebeurd!"

Ze legt een dekentje over me heen en ik kom langzaam weer tot mezelf. Poeh, wat was dit een bijzondere ervaring! Niet zo intens als mijn BDE, dat is eerlijk gezegd wel een beetje teleurstellend, maar toch ook heel mooi én leerzaam. Ik kijk op de klok en zie tot mijn verbazing dat de sessie meer dan drie uur heeft geduurd! Voorzichtig kom ik overeind. Het duizelt me en ik heb even tijd nodig om weer te 'landen'. Bij het afscheid geeft Marion me een stevige hand.

"Veel succes!", wenst ze me. "Ik vond het heel bijzonder je te leren kennen. Als er iets is kun je me altijd bellen of mailen hoor. En ik denk dat ik je boek maar eens ga lezen!"

All inside, you keep it all inside
It's not the destination, You say
But it's the ride
It's all inside

(Steve Balsamo)

In de weken die volgen laat ik alles wat ik bij Marion heb beleefd bezinken. Ik probeer voor mezelf op een rijtje te krijgen of het me nu wel of niet verder heeft geholpen. De conclusie is dat ik er een beetje dubbel in sta. De eerste sessie, het terugkrijgen van een groot deel van mijn energie en het eindelijk weten waar mijn innerlijke verdriet vandaan komt, heeft me zeker geholpen. Maar al heb ik minder last van heimwee, bij vlagen heb ik het nog steeds moeilijk. Een afdoende oplossing voor het verwerken van mijn BDE is het dus niet geweest.

Misschien moet ik ook niet meer krampachtig proberen mijn BDE te verwerken, maar aanvaarden dat het leven na mijn BDE nooit meer zo zal zijn als het leven voor mijn BDE. Zo ben ik sinds mijn BDE gevoeliger voor allerlei energieën en prikkels om me heen. De radio staat bijna nooit meer aan omdat ik last heb van te veel geluid en ik loop de hele dag op te ruimen omdat ik alleen rustig kan zitten als mijn omgeving ook rustig oogt. En sommige mensen voelen zo slecht, heb ik ontdekt! De innerlijke onrust waarin sommige verkeren kan ik soms lijfelijk voelen en het is voor mij erg lastig om daarmee om te gaan. Meestal ga ik dat dan ook maar uit de weg zodat ze niet in mijn aura kunnen komen. Of ik laat een denkbeeldig vouwgordijntje zakken om mezelf te beschermen tegen al te heftige emoties.

Ook moet ik leren me meer te focussen op de positieve aspecten die mijn BDE met zich heeft meegebracht. Zo ben ik absoluut niet meer bang voor de dood. Ik weet immers waar ik naar toe ga en hoe geweldig het daar is! De meeste mensen bereiken dat nooit. Juist uit angst voor de dood maken ze zich vreselijk druk in dit leven. Ze jakkeren maar door, jagen onmogelijke doelen na en nemen geen rust zodat ze niet hoeven nadenken over het leven en vooral ook: de eindigheid daarvan. Ik constateer dit zonder het te veroordelen. Want ook ik maak me nog steeds veel te druk in dit leven, al heeft dat voor mij meer te maken met een soort van overlevingsstrategie: ik zoek telkens een nieuwe uitdaging, probeer spanning in mijn bestaan te creeren om zo het leven toch als een avontuur te kunnen zien in plaats van als een belasting. Niet slim: wanneer de spanning wegebt word ik onmiddellijk geconfronteerd met het leven zoals het nu eenmaal is en val ik in een gat waaruit ik alleen kan krabbelen door een nieuwe uitdaging aan te gaan. Erg vermoeiend! Het maakt duidelijk dat ik het leven toch echt zal moeten aanvaarden zoals het nu eenmaal is. 'Omarm het leven'. Dat lijkt de enige oplossing te zijn en ik maak dit motto deze periode tot mijn affirmatie.

Daarnaast heeft Marion me met nog een probleem opgezadeld: de wetenschap dat Jezus zoals hij is beschreven in de Bijbel nooit heeft bestaan. Na een zoektocht van zo'n veertig jaar, waarvan de laatste zeven heel intensief, na het lezen van tientallen boeken, na het schrijven van een boek over mijn held met meer dan honderdduizend woorden en een studie op HBO niveau is dat dus de conclusie. De persoon Jezus, de timmerman die we kennen uit de Bijbel, heeft op die manier nooit echt geleefd.

Ik moet toegeven dat deze wetenschap me toch wel wat doet. Niet omdat ik niet om kan gaan met de gedachte dat Jezus misschien wel nooit heeft geleefd. Die theorie is voor mij immers niet nieuw, ik heb er best regelmatig over gefilosofeerd. En dat ik nooit een echt dogmatische kijk op hem heb gehad, helpt natuurlijk ook. Ik heb nooit geloofd dat hij de 'enige weg' zou zijn. Hij was een weg, nee, hij wées de weg zoals ook Boeddha dat deed en Lao Tse. Maar ik heb me wel altijd gefocust op de historische persoon Jezus als mijn begeleider op die weg, en ik moet nu voor mijn gevoel een alternatief vinden. Ik heb behoefte aan een ijkpunt, merk ik, een soort van nieuw baken en ik weet even niet waar ik dat nu moet zoeken. Het kost me dan ook best wat tijd om te bedenken hoe ik hier het beste mee om kan gaan.

Ik probeer me voor te stellen hoe het toen is gegaan. Markus, de eerste die iets over Jezus op papier heeft gezet. Zou hij zich net zo gevoeld hebben als ik toen ik mijn boek schreef? Niet helemaal natuurlijk. Ik had zijn Jezus als voorbeeld ... hij begon letterlijk met een leeg blad. Of toch niet helemaal? Ook ik heb in mijn verhaal figuren ten tonele gevoerd die als zodanig nooit geleefd hebben maar die op die manier wel geleefd zouden kunnen hebben. Dus is het heel goed mogelijk dat er destijds iemand heeft rondgelopen die model heeft gestaan voor de Jezus uit Markus' verhaal, maar die niet een op een samenvalt met de Jezus uit het Nieuwe Testament. Zou dat soms degene zijn die de wijze uit de geestelijke wereld de 'echte' Jezus noemde? En is dat wellicht degene die de prachtige uitspraken heeft gedaan die zijn opgetekend in het Thomas Evangelie, lessen die misschien wel door de wijzen zelf zijn gedicteerd?

Ik kruip maar weer eens achter mijn computer en probeer een beeld te krijgen van hoe er zoal wordt omgegaan met de vraag of Jezus wel of niet echt heeft bestaan. Ik kom er al snel achter dat die vraag nog steeds actueel is. Zo is er in 2006 een rechtszaak tegen het Vaticaan aangespannen, waarin de Kerk ervan wordt beschuldigd het verhaal van Jezus te hebben verzonnen. De zaak werd uiteindelijk niet ontvankelijk verklaard en na hoger beroep gesloten. Maar daarmee was de kwestie natuurlijk niet uit de wereld.

In Amerika werd het een punt van discussie toen Ellen Johnson, voorzitster van de Amerikaanse Atheïsten, verklaarde dat er geen greintje seculier bewijs is dat er ooit een Jezus heeft bestaan. Zij ziet Jezus als een samenstelling van andere goden zoals Osiris en Mithras, Geen nieuwe opvatting. De seculiere historicus Will Durant noemde het levensverhaal van Jezus eerder ook al het product van menselijke verbeelding, een mythe vergelijkbaar met legenden over Krishna, Adonis en Dionysus. Hij wijst erop, dat het verhaal van het christen-dom "verdacht veel overeenkomsten" vertoont met deze legenden. Een andere atheïst, Bertrand Russell, shockeerde in de jaren vijftig van de vorige eeuw zijn generatie door Jezus' bestaan in twijfel te trekken. Hij schreef: "Historisch gezien is het nogal twijfelachtig of Jezus Christus überhaupt wel bestaan heeft. En zo ja, dan weten we eigenlijk niets over hem."

Misschien is het goed de vraag over het al dan niet bestaan van Jezus beantwoord te krijgen aan de hand van niet-christelijke bronnen. Zo hadden zijn Joodse tegenstanders er het meeste bij te winnen om zijn bestaan te ontkennen. Maar menige Joodse bron vertelt van zijn bestaan in levende lijve. Beide Gemaras van de Joodse Talmud verwijzen naar Jezus, ook al gaat het maar om een enkele passage.

Ook Flavius Josephus, de bekende Joodse historicus, schrijft in zijn beroemde werk De Joodse Oudheden over Jezus als een bestaand persoon. Zo noemt hij ene Jezus als zijnde de broeder van Jacobus. De meeste wetenschappers beschouwen die passage als authentiek, En naast Flavius Josephus zijn er nog meer vroege seculiere schrijvers die aan Jezus refereren als een historisch persoon die goed overeenkomt met de Jezus uit de Evangeliën.

Toch kunnen we de kwestie nog verder uitdiepen. Stel dat we, in tegenstelling tot bovenstaande bronnen, toch willen vasthouden aan het idee dat Jezus wellicht nooit heeft bestaan, dan moeten we ons misschien bezighouden met een andere vraag namelijk: wat onderscheidt mythe van realiteit? Met andere woorden: is het mogelijk dat het hele verhaal rondom Jezus gebaseerd is op een mythe?

Ooit schreef ik een gedicht dat raakvlakken heeft met deze vraag.

Iemand zei:
Jezus is dood, Hij is niet opgestaan
Dat hebben zijn vrienden maar verzonnen
Omdat ze zijn dood niet verkroppen konden

Jezus dood? Jezus niet opgestaan?
Maar waarom zijn die vrienden dan toch op pad gegaan?
Zou je ook niet denken dat
Een boodschap gebaseerd op een leugen
Als een zeepbel uit elkaar zou zijn gespat?

Jezus dood? Jezus niet opgestaan?
Maar waarom kennen wij dan nog steeds zijn naam?
Zou je echt denken dat
Na al die honderden jaren
Wij zijn herinnering nog zouden bewaren?

Uit het gedicht blijkt dat een belangrijk onderscheid tussen een mythe en een historisch persoon is hoe die figuur de geschiedenis heeft beïnvloed. Dat Jezus de geschiedenis heeft beïnvloed moge duidelijk zijn. Twee miljard mensen noemen zich christen. Er zijn meer boeken over hem geschreven dan over enig ander persoon in de geschiedenis. Regeringen, scholen en ziekenhuizen hebben zich laten inspireren door Jezus' beginsel dat al het leven waardevol is en dat wij elkaar lief moeten hebben.

Het is opmerkelijk dat Jezus al deze invloed heeft uitgeoefend als gevolg van slechts drie jaar openbaar optreden. Deze tijdsfactor is een belangrijk element. Mythes en legenden doen er doorgaans honderden jaren over voordat ze hun beslag krijgen. Het christendom verspreidde zich zo snel dat het op zijn minst moeilijk is vast te houden dat het hier om een mythe of legende zou gaan. Dat er daarbij slim gebruik is gemaakt van de mythes en legendes uit de godsdiensten om Israël heen - zo is het beeld van Jezus als zoon van God duidelijk geïnspireerd door de Griekse en Romeinse godenzonen - doet aan de opmerkelijke opmars van het vroege christendom niets af.

Met name dit laatste argument: die snelle groei van het vroege christendom, spreekt mij aan als misschien wel het meest overtuigende historische bewijs voor Jezus' bestaan. Hoe zou een groepje eenvoudige vissers en werklieden anders een zo'n aansprekende persoon kunnen bedenken, met zo'n imposante ethiek en zo'n inspirerende visie op de menselijke natuur. Zonder de aanwezigheid van een charismatisch iemand als Jezus kan dat bijna niet mogelijk zijn.

Wat ik me eerder kan voorstellen is het omgekeerde. De 'echte' Jezus, zo blijf ik hem maar even noemen, was zo charismatisch en zijn uitlatingen zo cryptisch dat slechts een klein gezelschap in staat was ze te begrijpen. Daarin moet hij onvergelijkbaar zijn geweest, als een zonnevangertje dat de energieën uit de geestelijke wereld kanaliseerde en omtoverde in de meest kleurrijke uitspraken. De evangelieschrijvers hebben ieder op hun eigen manier, vanuit hun eigen culturele achtergrond, een vertaalslag gemaakt die wel begrijpelijk was voor de 'gewone' man. Daarbij hebben ze bovendien rijkelijk geput uit 'Q', de Quelle, verhalen die eeuwenlang van mond op mond werden doorverteld, een kunst die de Israëlieten natuurlijk als geen ander beheersen.

Welke elementen van de 'echte' Jezus terug te vinden zijn in de evangeliën en wat de evangelisten er zelf bij hebben verzonnen, vind ik eerlijk gezegd totaal onbelangrijk. Voor mij gaat het om de lessen die we kunnen leren, of daar nu uitspraken van Jezus aan ten grondslag liggen of inzichten vanuit de Tao, of aanwijzingen van de Boeddha. Misschien is dat wat de wijze uit de geestelijke wereld bedoelde met het 'loslaten' van Jezus. Voor zijn tijd werden mensen immers ook al geraakt door de Goddelijke kracht, of voelden zij de energieën uit de geestelijke wereld. Dat proces is niet pas door Jezus' komst op gang gekomen. Nee, ik ben ervan overtuigd dat deze kracht vanaf het begin van alles, vanaf de 'Big Bang', werkzaam is geweest, haar werk heeft gedaan in de geschiedenis en ook werkzaam zal blijven in de toekomst.

Dit inzicht, dat de essentie van alles ook los van Jezus kan worden gezien, geeft mij een geweldige innerlijke rust. Het gaat immers niet om de persoon Jezus. Nee, het gaat uiteindelijk om de 'woe wei', de energie vanuit de geestelijke wereld die ons leidt, die ook Jezus heeft geleid en die er altijd zal zijn.

Van de Jezus uit de Bijbel heb ik dus afscheid genomen. Van harte heb ik daarvoor in de plaats de 'echte' Jezus begroet in mijn leven, degene die – dat weet ik innerlijk zo zeker! - de uitspraken uit het Thomas Evangelie heeft gedaan. Ik wil dit verhaal dan ook graag eindigen met zo'n uitspraak uit het Thomas Evangelie, eentje die je toch heel anders leest wanneer je een bijna-dood-ervaring hebt beleefd:

Jezus sprak:
'Als de mensen u zeggen:
waar komt gij vandaan?
zegt hun dan:
wij zijn uit het licht gekomen,
daar waar het licht uit zichzelf ontstaan is.
Het stond en openbaarde zich in hun beeld.'

www.ingramcontent.com/pod-product-compliance
Ingram Content Group UK Ltd.
Pitfield, Milton Keynes, MK11 3LW, UK
UKHW040027200726
13854UKWH00001B/396

9 789081 991001